Georg Dehio

Ein Proportionsgesetz der antiken Baukunst und sein Nachleben im Mittelalter und in der Renaissance

Georg Dehio

Ein Proportionsgesetz der antiken Baukunst und sein Nachleben im Mittelalter und in der Renaissance

ISBN/EAN: 9783743390720

Hergestellt in Europa, USA, Kanada, Australien, Japan

Cover: Foto ©Thomas Meinert / pixelio.de

Weitere Bücher finden Sie auf **www.hansebooks.com**

EIN

PROPORTIONSGESETZ

DER ANTIKEN BAUKUNST

UND

SEIN NACHLEBEN

IM MITTELALTER UND IN DER RENAISSANCE

VON

G. DEHIO

o. ö. PROFESSOR AN DER KAISER-WILHELMS-UNIVERSITÄT

STRASSBURG
VERLAG VON KARL J. TRÜBNER
1895.

Druck von Fischer & Wittig in Leipzig.

MEINEM SCHWIEGERVATER

LUDWIG FRIEDLÄNDER

ZUM

FUNFZIGJAHRIGEN DOCTORJUBILAUM.

In der kunstgeschichtlichen Arbeit der jüngsten Zeit ist wohl der bemerkenswerteste Zug die erwachende Sehnsucht nach engerer Fühlung mit der ästhetischen Theorie. Und zwar wird hier trotz allem Gerede von „naturwissenschaftlicher Methode", „Kunstphysiologie", „Analyse" u. s. w. von der Ästhetik entschieden gefordert, dass sie uns N o r m e n für die Wertbeurteilung an die Hand gebe. Es ist eine Teilbewegung der auch anderwärts erkennbaren Reaktion gegen die unphilosophische, ja antiphilosophische Stimmung, die im letzten Menschenalter in allen Einzelwissenschaften das Oberwasser gehabt hat. Kaum kann es dabei anders geschehen, als dass die Folgen der langen Entfremdung von der Philosophie sehr fühlbar werden. Wenigstens an den ästhetischen Offenbarungen, mit denen die Tagesschriftsteller und mit ihnen vermengt einige jüngere Kunsthistoriker die obgenannte Sehnsucht zu trösten suchen, setzt es in Erstaunen, wie wohlfeile Auskünfte ihnen genügen. Symptomatisch bemerkenswert ist dabei die nach der Verwerfung und Verhöhnung der klassischen Ästhetik sofort sich anmeldende Ungeduld nach einem neuen Dogmensystem oder — da Systeme zu bauen immerhin einige Zeit kostet — nach einem neuen seligmachenden Schlagwort. Ich meinesteils vermag nicht an das nahe Bevorstehen einer centralen Reform zu glauben. Die ersehnte „neue Ästhetik", wofern wir darunter nicht subjektive Einfälle von der Struktur und Dauer einer Seifenblase, sondern einen festen wissenschaftlichen Erwerb verstehen wollen, wird sicher noch lange auf sich warten lassen. Was uns helfen kann, ist zuvörderst allein Geduld und stille Arbeit, bescheiden des Tages harrend, der uns in den Stücken die Umrisse eines Ganzen erkennbar machen wird, eines Ganzen, das selbst wieder ein Stück eines anderen grösseren ist. Darin zuerst soll sich die neue Ästhetik von der alten unterscheiden, dass sie auf ein reicheres Material von Thatsachen aus dem Leben der Kunst sich aufbaut.

Eine in sich zusammenhängende Reihe solcher Thatsachen wird im folgenden vorgeführt. Ich habe die Untersuchung in einem rein geschichtlichen Interesse unternommen, weder für noch gegen irgend eine Theorie. Doch ist es mir erfreulich, von ihren Ergebnissen hoffen zu dürfen, dass sie, wo nicht sogleich, so doch künftig einmal auch der Lehre vom Wesen der Kunst förderlich sein werden, und doppelt erfreulich, dass dies sicherlich nicht diejenige Kunstlehre sein wird, welcher die heutige junge Schule mit lärmender Zuversicht die Herrschaft über die Zukunft voraussagt.

Das Problem ist eines von denen, denen die letzte Epoche nicht günstig gestimmt war. Es ist offenbar, dass die herkömmliche Behandlung der architektonischen Stillehre und Stilgeschichte an einer grundsätzlichen Unvollständigkeit leidet: sie ist wesentlich Formenlehre, — dagegen wissen wir nur Weniges und Unbestimmtes von einer anderen, theoretisch in ihrer Bedeutung vollkommen anerkannten Seite des Architektonisch-Schönen, von den Proportionen. Haben gleich den Formen auch sie ihre Regeln, ihre Systeme, ihre geschichtliche Überlieferung? Diese Fragen sind trotz wiederholter Anläufe fast um nichts gefördert. Ja selbst die blosse Beschreibung muss sich mit den unbestimmtesten Bezeichnungen behelfen; sie spricht von „schlank" oder „massig", „hochstrebend" oder „schwerfällig" u. s. w., zu jeder präciseren Charakteristik fehlen die Mittel. Schwerlich ist aber die innere Sprödigkeit des Gegenstandes allein an seiner Unerforschtheit schuld. Er ist von der modernen ästhetischen Theorie selber so zu sagen versiegelt worden. Den Menschen des neunzehnten Jahrhunderts ist eine jede Lehre sympathisch und vertrauenerweckend gewesen, die das Wort „Freiheit" in den Mittelpunkt stellen konnte, und so ist denn auch keine Lehre der modernen Ästhetik so tief in die Praxis eingedrungen, wie die, dass die schöne Proportion in der Baukunst schlechthin ein Unmessbares sei, nur vom frei genialen Instinkt zu erzeugen und nur mit dem Gefühl zu erfassen. Wenn dem so ist, dann allerdings ist es auch vergebliche Mühe, in der historischen Kunst nach Proportionsregeln zu suchen.

Was ist denn aber künstlerische Freiheit? Offenbar etwas sehr Verschiedenes, je nachdem wir als ihren Gegensatz den Begriff des Gesetzes oder den der Regel nehmen. Die Regel ist die wandelbare Formel, in der die Menschen ihre wandelbare Auffassung vom Gesetze ausprägen. Die Regel hat somit immer nur bedingte und zeitweilige

Giltigkeit; aber man kann von keiner Seite des künstlerischen Schaffens von vornherein behaupten, dass für sie eine Regel nicht bestehen dürfe. Es mag wohl eine bestimmte Kunstepoche auf diesem oder jenem Gebiete abgeneigt oder unfähig sein, bewussterweise nach Regeln zu handeln; darum hat sie noch kein Recht, mit rückwirkender Kraft zu behaupten, dass es auf diesem Gebiete niemals Regeln gegeben habe. In diesem Falle aber befindet sich die herrschende Ansicht vom Wesen der architektonischen Proportion. Ihr Lieblingssatz: nur Zeiten gealterter, verknöcherter Kunst hätten sich dazu verirrt, das freie Schaffen auf einen festen Kanon von Massen zu reduciren – er ruht nicht auf einem historischen Beweis, er ist lediglich eine spekulative Folgerung. Dem gegenüber stellen wir die Forderung auf, es müsse auch für das Proportionswesen der Spielraum zwischen subjektiver Freiheit des einzelnen Künstlers und gemeingiltiger Regel in jeder Stilepoche empirisch untersucht werden.

In der That hat es auch immer einzelne Forscher, insbesondere solche, die von Haus aus praktische Architekten waren, gegeben, die sich damit nicht beruhigen wollten, dass die Proportionsregeln der Antike mit dem wenigen, was Vitruv darüber mitteilt, erschöpft seien, und die deshalb mit Zirkel und Massstab selbstständig vorgingen. Dass viele dieser Untersuchungen unfruchtbar blieben oder doch nur unzusammenhängende Einzelheiten an den Tag förderten, ist bei dem Mangel eines leitenden Fadens in der Überlieferung nicht wunderbar. Dagegen darf es uns ermutigen, dass wenigstens einmal ein wichtiges und umfassendes Princip der harmonischen Proportion schon festgestellt ist. Ich meine August Thierschs — anscheinend von Archäologen und Ästhetikern noch lange nicht genug gewürdigte — Entdeckung der geometrischen Analogie der Teile mit dem Ganzen als einer sowohl in der Antike wie in der Renaissance mit klarem Bewusstsein geübten Regel (in dem von Durm u. s. w. herausgegebenen Handbuch der Architektur, Theil IV, Band 1, Darmstadt 1883). Es war im Laufe meiner Arbeit ein froher Augenblick, als ich die von mir gefundene Proportionsregel mit der Thierschschen in gewissen Fällen sich berühren und fruchtbar durchdringen sah. Ausgegangen bin ich jedoch nicht von Thiersch, überhaupt nicht von der Antike, sondern vom Mittelalter. Ich bin also auf den geschichtlichen Faden zuerst auf einem weit vorgerückten Punkte seines Verlaufes gestossen und habe ihn von dort aus rückwärts aufwickeln müssen. Das Nähere findet sich in meiner Schrift. Untersuchungen über das gleichseitige Dreieck als Norm gotischer Bauproportionen, Stuttgart 1894, J. G. Cottasche Buchhandlung Nachflg.

Dort wurde nachgewiesen, dass die gotischen Baumeister, besonders in der klassisch-französischen Schule, bei der Proportionirung sowohl das Querschnittes als des Längenschnittes das Verhältnis von Höhe und Breite so eingerichtet haben, dass eine zwar verschiedener Wendung fähige, aber genau eingehaltene Normierung nach dem Verhältnis von Basis und Perpendikel im gleichseitigen Dreieck massgebend war. Weiter liess sich diese Regel auch an vielen romanischen Basiliken erkennen bis zum Jahre 1000 hinauf. Im altchristlichen Basilikenbau dagegen fand sie sich nicht mehr. Wenn ich nun trotzdem durch mehrfache Erwägungen dahin kam, es für wahrscheinlich zu halten, dass die in Rede stehende Regel nicht erst im Mittelalter erfunden sei, sondern auf einer aus der Antike herkommenden Tradition beruhen müsse, so konnte als der zunächst in Angriff zu nehmende Gegenstand der Untersuchung — auf den auch die einfache ästhetisch-psychologische Überlegung hinweist — allein der Centralbau in Frage kommen.

Indem ich nunmehr meine Experimente in derselben Folge, in der sie ausgeführt wurden, mitteile, habe ich nur vorauszuschicken, dass es mir allein auf den Nachweis des thatsächlichen geometrischen Verhaltens ankommt. Wenn sich dasselbe an einer ganzen Reihe von Denkmälern als ein gleichartiges herausstellen wird, so werden wir genötigt sein, auf eine mit Bewusstsein geübte und von Geschlecht zu Geschlecht vererbte Regel zu schliessen. Aber wie sie entstand und weshalb man sie fortlaufend für wertvoll erachtete, das sind Fragen von grundsätzlich anderer Art, die wir vorläufig ruhen lassen müssen.*)

I.

1. Das PANTHEON in Rom (Fig. 1). Gleich dieser erste Versuch, angestellt an dem berühmtesten, grössten und besterhaltenen

---

* Um die Unbefangenheit meines Verfahrens und zugleich die Grenze meiner Verantwortung klarzustellen habe ich nach Möglichkeit die Abbildungen aus den vorhandenen Publikationen, nachdem die Dreiecke eingezeichnet worden, direkt auf die Zinkplatte übertragen lassen. Wo das nicht anging, sind genaue Pausen benutzt. Etwa vorhandene Fehler waren also auf Rechnung der Originale zu setzen.

Centralbau des Altertums, führt zu einem positiven Resultat im Sinne unserer Vermutung. Der Grundriss ist ein Halbkreis mit ausstrahlenden Nischen; nimmt man den grössten Durchmesser AB von Nische zu Nische als Basis des Dreiecks, so trifft dessen Spitze genau die Unterkante des das Opäon umsäumenden Gesimses. Ein zweites aus $\frac{1}{12} AB$ gebildetes Dreieck bestimmt die Höhenlage des Kuppelkämpfers. Damit sind die schon längst bemerkten Beziehungen zu zwei anderen einfachen geometrischen Figuren, zum Quadrat und zum Kreise, gegeben; denn der Durchmesser der Kuppel ist gleich deren Höhe vom Erdboden und die senkrechten Stützmauern entsprechen dem umgeschriebenen Quadrat. Sicher beruht nicht allein auf der materiellen Grösse der Abmessungen, sondern noch mehr auf der geometrischen Bestimmtheit der Verhältnisse jene ganz eigentümliche und geheimnisvoll zwingende Wirkung, die das Pantheon vor allen Gebäuden der Welt voraus hat.

2. Die unter dem Namen TORRE DEI SCHIAVI bekannte Ruine in der römischen Campagna (Fig. 2). Da das Kämpfergesims erhalten ist, kann die Kuppelhöhe mit Sicherheit restauriert werden. Basis des Dreiecks: vom Angelpunkt der Thürflügel bis zur Hinterkante der gegenüberliegenden Bogennische.

3. Rotunde in den DIOCLETIANSTHERMEN zu ROM (Fig. 3). Die sehr mächtige Umfassungsmauer wird nach den Quadranten von vier grossen Öffnungen durchbrochen. Die Aussenschwellen derselben bestimmen die Endpunkte der Dreiecksbasis. Halbiert man diese Linie und bildet daraus ein zweites kleineres gleichseitiges Dreieck, so trifft (was ich bei Ausführung der Zeichnung leider noch nicht bemerkt hatte), dessen Spitze genau auf die Unterkante des Kuppelgesimses.

4. Der sogenannte TEMPEL DER MINERVA MEDICA in ROM, heute als Nympheum des Alexander erklärt (Fig. 5). Ein Achteck mit halbrunden Exedren. Die Zeichnung veranschaulicht die Triangulation nur am Aussenbau; sie steht aber für das Innere nicht minder in Kraft. Ausserdem ist auch die oblonge und wieder in Exedren auslaufende Vorhalle trianguliert, in der Weise, dass ein aus der Mauerhöhe des Hauptgebäudes (als Perpendikel) abgeleitetes gleichseitiges Dreieck die Länge der genannten Vorhalle bestimmt.

5. Eine weitere Variante zeigt ein Rundbau in HELIOPOLIS (Fig. 8). Die seltsame Segmentkuppel ist eine wohl nicht einwandfreie Er-

gänzung des englischen Zeichners. Die Dreiecksspitze bestimmt hier auch nicht, wie in allen bisherigen Fällen, die Decke, sondern nur das innere Kranzgesims, und zwar dessen Unterkante nach derselben Gewohnheit, die wir schon am Pantheon und an den Diocletiansthermen kennen lernten. Unsere genau nach Wood kopierte Zeichnung nimmt den Schnitt zwischen den Nischen; um die Dreiecksseite zu gewinnen, muss man auch hier die Nischen hinzuzählen.

6. Ein zweiter Rundbau in HELIOPOLIS (Fig. 7) zeigt noch die Ansätze zu einer normalen Halbkugelkuppel, auf welche auch das Dreiecksystem hinweist. Es interessiert durch seine künstlich zusammengesetzte Behandlung. (Zu besserem Verständnis vergl. die perspektivische Ansicht, u. a. bei Schnaase Bd. III. S. 171.) Hier ist sowohl der Binnenraum als der äussere Aufbau durch je zwei übereinander gestellte gleichseitige Dreiecke $ghi + ghe$ und $def \cdot dec$ bestimmt; ausserdem der Säulenumgang durch abc, wobei die Höhenlinie c nur unter der Voraussetzung eine Bedeutung gehabt haben kann, dass hier ein wichtiger Abschnitt, mutmasslich die Unterkante des Kranzgesimses, zu liegen kam.

Sodann begegnen wir Kompositionen, in denen das Hauptgewicht auf den Aussenbau gelegt und demnach dieser allein trianguliert ist:

7. VESTATEMPEL in TIVOLI (Fig. 10). Die alte Decke ist eingestürzt, die Bekrönung des Mittelraums eine Ergänzung Isabelles. Nach Massgabe des von mir eingezeichneten Dreiecks wäre sie ein wenig zu hoch geraten.

8. JUPITERTEMPEL zu SPALATO (Fig. 9). Ein in der Hauptsache wohlerhaltener und sorgfältig aufgemessener Bau. Er zeigt denn auch die Triangulation in grosser Schärfe. Ausser dem von mir eingezeichneten ist noch ein zweites Dreieck in Betracht zu ziehen; seine Basis ist der äussere Durchmesser des Mauercylinders, seine Höhe wieder die Unterkante des Geison am Kranzgesims.

9. Der PORTUMNUSTEMPEL in OSTIA (Fig. 4) ist gleich den vorigen ein Rundbau mit Säulenumgang, aber von bedeutend breiterer Proportion. Das Schema giebt die Umkehrung desjenigen von Fig. 7, d. i. zwei Dreiecke n e b e n einander. Damit zu vergleichen

10. die beiden Rundbauten bei der Basilika zu PERGAMON (Fig. 11).

Es zeigt sich als erstes allgemeines Ergebnis, dass sämtliche der Untersuchung zugängliche Centralbauten der römischen Kaiserzeit in ihren Hauptproportionen durch das gleichseitige Dreieck normiert sind — mit einer einzigen Ausnahme. Diese bildet der grosse Rundsaal in den Caracallathermen. Ich lasse dahingestellt, weshalb sich das Dreieck hier nicht hat finden lassen: vielleicht infolge eines Irrtums in der Rekonstruktion von Abel Blouet, vielleicht weil ich den richtigen Ansatzpunkt verfehlt habe, vielleicht auch weil hier der Architekt ausnahmsweise wirklich einmal nicht trianguliert hat.

II.

Die christlichen Centralbauten des ausgehenden Altertums bilden nur äusserlich eine selbständige Gruppe. Gegenwärtig kann nicht mehr ernstlich bezweifelt werden, dass sie sich in Stil und Komposition genau an die heidnisch-antike Baukunst anschliessen. So findet sich denn auch an ihnen die Triangulation an allen besseren Bauten des vierten und fünften Jahrhunderts; abwärts von dieser Grenze wird sie seltener, entsprechend der beginnenden Barbarisierung. Ich notiere folgende Fälle:

11. STA. COSTANZA in ROM (Fig. 16), Rundbau mit innerem Umgang.

12. S. AQUILINO in MAILAND (Fig. 13), Achteck.

13. GRABMAL DES THEODERICH in RAVENNA (Fig. 14).

14. S. VITALE in RAVENNA (Fig. 84). Unsere Zeichnung giebt den Längenschnitt, in dem der vorspringende Chor das centrale System durchbricht; die Ausdehnung des letzteren bezeichnet die Linie .*l.l'*.

15. S. GEORG in THESSALONICH (Fig. 83). Von manchen dem constantinischen Zeitalter zugeschrieben, jedenfalls vorbyzantinisch.

Dann zwei Anlagen mit quadratischem Kern und Kreuzarmen von gleicher Länge:

16. Grabkirche der GALLA PLACIDIA in RAVENNA (Fig. 12).

17. S. IPPOLITO bei S. Lorenzo in MAILAND (Fig. 15.).

Die grossartigste Entwickelung fand der christliche Centralbau im constantinischen Zeitalter im Heiligen Lande. Wie wenig davon übrig ist, und auch dieses nicht unverändert, ist bekannt.

18. Die Kirche des HEILIGEN GRABES in JERUSALEM (Fig. 6). Nach der begründeten Vermutung der Archäologen ist der Kernbau

von den Kreuzfahrern nach dem alten Muster erneuert, nur mit Weglassung eines vielleicht halbkreisförmigen äusseren Umganges. Das Dreieck über *cd* ergiebt genau die Höhe des Oberlichtes im Dach; ein zweites über *af* ebenso genau den Schnittpunkt der verlängerten Profillinien des Daches; ein drittes über *be* die (im Äussern und Innern gleiche) Höhe des Kranzgesimses.

19. Der FELSENDOM auf MORIAH (Fig. 20) ist das jüngste Glied dieser Denkmälergruppe, zu Ende des siebenten Jahrhunderts vom Kalifen Abdel Melik durch einen byzantinischen Architekten errichtet. Der innere Mauerring und die sich darüber erhebende Kuppel werden von Säulen getragen in vier durch vier Pfeiler getrennten Gruppen. Die horizontale Ausdehnung *cd* einer solchen Gruppe giebt die Basis für das die erste Höhenteilung bestimmende Dreieck; der Durchmesser des Mittelraumes *be* wird in analoge Beziehung zum Kuppelkämpfer, derjenige des äusseren Säulenringes *af* zum Kuppelscheitel gesetzt; ebenso endlich die Aussenansicht der Kuppel und ihres Tambours oberhalb der Seitendächer gemäss *gh*. Mit anderen Worten: die koncentrische Erweiterung des Grundrisses wie die Abstufung in der Höhenrichtung ist erfolgt unter strenger Beobachtung der geometrischen Ähnlichkeit. Hier haben wir einen verstandesmässig einleuchtenden Grund für den von allen kunsterfahrenen Besuchern gerühmten Empfindungseindruck einer trotz allem Reichtums der perspektivischen Komposition besonders starken Einheit und Harmonie des Raumes.

Wenn im Abendland das Triangulationsverfahren in den dunkelen Jahrhunderten des Überganges zum Mittelalter verloren gegangen zu sein scheint, so ist das eine nur auf der Dürftigkeit unseres Denkmälermaterials beruhende Täuschung. Denn plötzlich taucht es wieder auf an einem nordischen, indes ganz im Geiste christlicher Antike ausgeführten Bau,

20. der PALASTKIRCHE Karls des Grossen in AACHEN (Fig. 18). Die lichte Weite des Innenraumes *AB* steht in Beziehung zum Kuppelkämpfer, der äussere Durchmesser *ab* bestimmt das äussere Kuppeldachgesims, der Durchmesser des Tambours *cd* die Erhebung des Mittelraumes über die Dächer der Abseiten. Die augenfällige Ähnlichkeit des Verfahrens mit dem, das wir in der vorigen Nummer am Felsendom zu Jerusalem kennen gelernt haben, zeigt mit Nachdruck, wie tiefe und ausgebreitete Wurzeln die Tradition gehabt

haben muss. Schon ins eigentliche Mittelalter, d. i. in die Mitte des 11. Jahrhunderts, führt uns

21. die Kirche zu OTTMARSHEIM im Elsass (Fig. 19). Dass sie eine Nachahmung des Aachener Baues ist, ist längst erkannt. Jetzt sehen wir, dass sie auch die Triangulation übernommen hat und zwar, was das Merkwürdigste ist, in einer keineswegs sklavischen Nachahmung.

III.

Wir haben im obigen die Geltung der Triangulation im ersten Jahrtausend unserer Zeitrechnung nachgewiesen. Trotz ungeheuerster Veränderungen in den Schicksalen der Staaten und Völker, der Kultur und Kunst hatte sie sich unverändert erhalten. Wer möchte nicht glauben, dass sie ein viel weiter zurückreichendes Vorleben schon geführt habe?

Es wird jetzt mit Fug angenommen, dass die grosse römische Architektur und in ihr besonders der Centralbau hellenistische Baugedanken fortgeführt habe, wie diese wieder in manchen Stücken vom Orient angeregt seien. Die fast vollständige Vernichtung der architektonischen Leistungen aus der Zeit zwischen Alexander und Augustus wird immer zu den beklagenswertesten Verkürzungen unseres Wissens wie unseres Genusses gerechnet werden. So können wir denn auch unser specielles Problem nicht mit einem dem bisher benutzten analogen Material weiter verfolgen. Die grossen hellenistischen Centralbauten sind, wie gesagt, ganz und gar vom Erdboden vertilgt und in der griechischen Architektur vor Alexander hat der Centralbau überhaupt keine hervorragende Rolle gespielt. Als Ersatz müssen ein paar kleinere Memorialbauten dienen, die dafür allerdings durch sehr wichtige Beobachtungen entschädigen.

22. Der sogen. TURM DER WINDE in ATHEN (Fig. 26). Erbaut im ersten Jahrhundert v. Chr. Auf den ersten Blick scheint für dieses schlanke Oktogon jede Beziehung zum gleichseitigen Dreieck ausgeschlossen zu sein. Trotzdem ist sie in exaktester Weise durchgeführt, in der Weise, dass zwei übereinander gestellte Dreiecke das Schema ausmachen (vergleichbar Fig. 4, wo bei vorwaltendem Breitencharakter zwei Dreiecke nebeneinander stehen). Und um dies Verhältnis noch deutlicher zu machen, sind die nach drei Seiten vorspringenden Portaltabernakel so angeordnet, dass ihre Giebelhöhe genau

die Grenze der beiden Dreiecke bezeichnet. Dasselbe Proportionsschema findet sich wieder

23. am Grabmal zu MYLASA (Fig. 28) und
24. am LYSIKRATESDENKMAL zu ATHEN (Fig. 27) und in etwas freierer Behandlung
25. am HEROON DES THERON zu AGRIGENT (Fig. 29), Bauten, mit denen wir in das dritte und vierte Jahrhundert hinaufgelangen.

Diese Denkmäler sind für unsere Untersuchung von ersichtlicher Wichtigkeit. Denn erstens geben sie direktes Zeugnis für die Triangulation bei den Griechen und zweitens führen sie, meines Erachtens zwingend, zu der Folgerung, dass, bevor man auf die zusammengesetzte Triangulation kam, die einfache eine durch langen Gebrauch gefestigte Gewohnheit gewesen sein muss. Im Hinblick hierauf werden wir uns nicht wundern, wenn wir nach einer weiten Lücke an einigen Centralbauten aus dem frühesten Altertum und von einfachster Art das Princip wiederfinden. Und zwar einmal an einem Aussenbau,

26. dem sogen. GRAB DES TANTALUS in Phrygien (Fig. 25), das andere Mal an einem Binnenraum,
27. dem sogen. SCHATZHAUS DES ATREUS in Mykene (Fig. 24), am letzteren mit einer kleinen Differenz, die schwerlich anders als aus ungenauer Ausführung zu erklären ist.

Indem wir nunmehr auf vorderasiatischem Boden angelangt sind, richtet sich der Blick weiter zu den Ländern des Euphrat und Tigris, der Urheimat des Centralbaues.

28. Aus den Schuttbergen von NINIVEH hat vor einigen Jahren Place vier Stockwerke einer grossen Stufenpyramide ausgegraben und unter Hinweis auf das häufige Vorkommen der Siebenzahl in der assyrischen Architektur hat Thomas sie auf sieben Stockwerke ergänzt (Fig. 23). Wir prüfen auch diese Figur nach dem bekannten Schema und finden eine der Genauigkeit sich beträchtlich nähernde Übereinstimmung. Die Annahme, dass hier etwas Zufälliges, Ungewolltes vorläge, wäre nach allem, was wir bis jetzt kennen gelernt haben, offenbar viel gewagter, als die umgekehrte. Um die Differenz zu erklären, kann man einen Fehler der ursprünglichen Messung annehmen, oder, was bei dem Zustande des zerbröckelten Backsteinmauerwerkes noch näher läge, einen Fehler der Messung von Place; derselbe brauchte pro Stufe nur wenige Centimeter zu betragen, um bei einer angenommenen Höhe von 42,70 m die obige Differenz zu ergeben.

Oder es wäre ein dritter Fall möglich. Vielleicht ist der Schneckenaufgang auf der obersten Terrasse mit einer etwas anderen Wendung gemündet, als Place und Thomas supponieren; bildet man die in unserer Ansicht linke Mauerseite des letzten Stockwerks nicht, wie der Restaurator es thut, höher, als die früheren, sondern gleich hoch, dann ist mit der Höhenlage der Dreiecksspitze wirklich volle Übereinstimmung erreicht.

Als einen für die historische Ableitung wichtigen Umstand fügen wir hinzu, dass wir an den Pyramiden Ägyptens oder irgend welchen anderen Bauten dort nicht eine Spur von Beziehung zum gleichseitigen Dreieck gefunden haben.

IV.

Der geschichtliche Befund spricht für den Ursprung der Triangulation im Centralbau und die ästhetisch-psychologische Erklärung wird zu demselben Resultate kommen. Das Verfahren muss ein altes und festgegründetes Ansehen genossen haben, als man dazu überging, auch rechteckige Räume und Flächen zu triangulieren, d. h. das Verhältnis ihrer Breite und Höhe nach dem Verhältnis von Basis und Perpendikel im gleichseitigen Dreieck einzurichten. Allem Anschein nach hat sich diese Fortbildung im ionischen Stil vollzogen. Zeugen sind die Grabfassaden und Tempel Kleinasiens und Attikas. Das nur mässig hohe absolute Alter der in die Untersuchung nach ihrem Erhaltungszustande allein in Frage kommenden Denkmäler würde an sich der eben ausgesprochenen Annahme nur einen hypothetischen Wert geben. Allein es kommt ein anderer, nicht misszudeutender Umstand hinzu. Die Triangulation ist kein gemeingriechischer Brauch, sondern auf den ionischen (resp. korinthischen) Stil beschränkt; an dorischen Tempeln findet er sich niemals (die einzige triangulierte dorische Fassade, die ich kennen gelernt habe, das Thor der Agora in Athen, Fig. 48, gehört erst in späte, in Augusteische Zeit). Wenn die Forschung bisher schon geneigt war, das ionische Kapitell als assyrische Lehnform anzusehen, so dürfen wir jetzt mit grosser Wahrscheinlichkeit hinzufügen: auch das ionische Proportionsgesetz der Triangulation ist von den Assyriern überkommen. Als es auf seiner Wanderung nach Westen in Griechenland anlangte, fand es aber das dorische System schon so weit entwickelt vor, dass es auf dieses keinen Einfluss mehr gewann.

Als die älteste Fassung haben wir diejenige anzusehen, bei der die Spitze des normativen Dreiecks mit der Spitze des Giebels zusammentraf.

29. Felsengrab zu MYRA (Fig. 63).
30. Die Ostfront des ERECHTHEIONS in ATHEN (Fig. 42). Der Giebel ist ergänzt, wie sich jetzt zeigt, ein wenig zu niedrig.
31. ATHENETEMPEL zu PRIENE (Fig. 43). Die Höhe der Säulen ist nicht vollkommen gesichert. Die Gesellschaft der Dilettanti hat zwei abweichende Ergänzungen veröffentlicht. Merkwürdigerweise giebt gerade die ältere von ihnen genaue Übereinstimmung mit dem normativen Dreieck, während dasselbe auf die jüngere, angeblich verbesserte, keine Anwendung findet. Wenn die Annahme richtig ist, dass der Baumeister von Priene mit dem des Mausoleums von Halikarnass (vergl. unten No. 80) eine Person ist, so haben wir um so mehr Grund, die triangulirbare Ergänzung für die richtige zu halten.
32. Propyläen zu APHRODISIAS (Fig. 44).
33. AUGUSTUSTEMPEL in ANCYRA (Fig. 61).
34. Tempel in HELIOPOLIS (Fig. 58).
35. Ein gleicher ebenda (Fig. 60).
36. CONCORDIATEMPEL in ROM (Fig. 45).

Wie in mehreren dieser Fälle zu bemerken ist, dass der Stylobat oder bei attischer Säulenbasis die Plinthe, also Theile des Unterbaues, gewissermassen als ein freier Überschuss ausser dem Triangulationsschema liegen, so haben wir als eine besondere Gruppe diejenigen Kompositionen anzusehen, bei denen dasselbe mit dem Giebelfelde geschieht. Das normative Dreieck endet dann am Kranzgesimse, und zwar gewöhnlich an dessen Unterkante.

37, 38. Grabmäler in PHRYGIEN (Fig. 49, 62).
39. Nordfront des ERECHTHEIONS (Fig. 46).
40. Tempel des AUGUSTUS und der LIVIA in VIENNE (Fig. 52).
41. Tempel des ANTONINUS und der FAUSTINA in ROM (Fig. 53).
42. Die sogenannte MAISON CARRÉE in NIMES (Fig. 54).
43. Grab aus römischer Zeit in PHRYGIEN (Fig. 55).
44. Ein tempelartiger Bau in HELIOPOLIS (Fig. 59).

In allen obigen Beispielen handelt es sich um Fronten von vier oder höchstens sechs Säulen. Sobald aber deren Zahl darüber hinausging, also bei den meisten peripteralen Anlagen, musste die Triangulation noch weiter eingeschränkt werden. Es wurde dann allein Breite und Höhe der Cella nach ihr normiert, so dass man nunmehr den ganzen Säulenumgang, um ein oben gebrauchtes Wort zu wiederholen, als freien Überschuss über den festen Kern ansah.

45. Tempel zu Teos (Fig. 51).
46. Sonnentempel zu Heliopolis (Fig. 50).
47. Tempel auf Knidos (Fig. 57).

Hierher gehört auch die geläufigste römische Tempelanlage, die Cella mit Prostylos und Pseudoperipteros, bei der in einer feinen, aber nicht gleichgiltigen Unterscheidung die Basis des normativen Dreiecks nicht nach den Säulen der Front (wie in den griechischen Beispielen Fig. 46, 49 u. s. w.), sondern nach der Ausdehnung der dahinter liegenden Cellawände bemessen wird.

48. Tempel der Fortuna Virilis in Rom (Fig. 56).
49. Tempel in Veksegge (Fig. 47), vgl. auch Fig. 53, 54.

Im gleichen Sinne werden zuweilen auch die Langseiten der Tempel behandelt:

50. Tempel der Nike Apteros in Athen (Fig. 30).
51. Augustustempel in Vienne (Fig. 31).
52. Tempel am Ilissos bei Athen (Fig. 38).

In dieser beschränkteren Fassung haben auch einige dorische Tempel der Triangulation Zugang gewährt, nämlich

53. der Theseustempel in Athen und
54. der Nemesistempel in Rhamnus.

Beide bezeichnender Weise Attika angehörend, wo auch an anderen Zügen die Verschmelzung dorischer und jonischer Stilelemente bemerklich wird.

V.

Die beschriebene Behandlung der äusseren Cellawände, insbesondere der Fronten, schliesst schon den Gedanken in sich, der in der Triangulation viereckiger Binnenräume zum Ausdruck kam. Ein frühes Beispiel dafür giebt

55. die Grabkammer in dem unter Nummer 24 besprochenen Tumulus des Tantalus (Fig. 32).

56. Columbarium der Freigelassenen des Augustus in Rom (Fig. 39); das kleinere Dreieck bestimmt die (von Canina wohl nicht ganz genau angegebene) Höhe der Nischen, das grössere die präsumtive Höhe des eingestürzten Gewölbes.

57. Die mit einem Tonnengewölbe gedeckte Cella des Augustustempels zu Vienne (Fig. 31).

58. Zu vergleichen ein Tempel in Heliopolis (Fig. 37).

59. Die sogenannten Bains de Diane in Nimes. Für den Querschnitt (Figur 36) normiert das Dreieck das Kämpfergesimse, wobei es interessant ist, dank der sehr sorgfältigen und in grossem Massstabe gegebenen Aufnahme von Clérisseau zu beobachten, wie der kleine Überschuss der Dreiecksspitze genau der Abschrägung der Deckplatte entspricht. Im Längenschnitt (Fig. 33) ist derselbe Überschuss unerklärlich, es wäre denn, dass Clérisseaus Ergänzung des eingestürzten Gewölbes die wirkliche Bogenlinie nicht ganz getroffen hat.

60. Ein ähnlicher Saal in Heliopolis (Fig. 34, 35).

Endlich wird die weitgehendste Folgerung gezogen in der Proportionierung dreischiffiger Hallen. Man sehe die überraschende Ähnlichkeit zwischen

61. der Vorhalle des Pantheons in Rom (Fig. 40) und

62. den römischen Teilen des Domes zu Trier (Fig. 41).

Hierdurch wird die Vermutung überaus nahe gelegt, dass auch die römischen Basiliken trianguliert waren; leider sind sie ja aber in einem für diese Frage gänzlich untersuchungsunfähigen Zustande.

VI.

Nachdem einmal die Triangulation von einfachen Anfängen zu einem zusammengesetzten und zugleich elastischen Verfahren sich erweitert hatte, war sie zur Anwendung auf Schauseiten aller Art, Triumphbogen, Tabernakel, Portale u. s. w. fähig. Eine interessante Gruppe für sich bilden die Scenenwände der Theater. Die drei besterhaltenen:

63. zu Orange (Fig. 64),

64. zu Aspendos (Fig. 65) und

65. zu Patara (Fig. 66) zeigen in nur leiser Variierung eines übereinstimmenden Principes die typischen drei Thüren der Rück-

wand durch das Dreieck zu einer Gruppe zusammengeschlossen und in ein festes Verhältnis zur Höhe der Wand gebracht.

In welcher Weise die Blütezeit der römischen Architektur die Strenge der Regel mit der Freiheit des Einzelfalles zu vereinigen verstand, zeigen besonders lehrreich die Triumphbogen. Die ausgewählten Beispiele

66—76. die Zeit von Cäsar bis Constantin umfassend (Fig. 67–78), geben hinreichenden Aufschluss; doch liesse sich ihre Reihe noch beträchtlich vermehren.

Von Tabernakeln gebe ich in grösserem Massstabe
77. eines aus dem Pantheon in Rom (Fig. 74) und
78. eines aus Heliopolis (Fig. 80);
79. eines aus Nimes (Fig. 33).

Ungemein verbreitet war für Portale, sowohl wagerecht als bogenförmig geschlossene, die Proportionierung durch ein Doppeldreieck. Bis in die Privatarchitektur reichte diese Übung hinab, wie die Thür am Hause des Pansa in Pompeji lehrt. Beispiele auf unseren Tafeln: Fig. 40, 50, 54, 58, 59, 63, 67, 68, 73, 74, 75, 77.

VII.

So wenig ich glaube, mit den obigen Beobachtungsreihen erschöpft zu haben, was sich unserem Denkmälervorrat, selbst in seiner fragmentarischen Verfassung, abgewinnen liesse, sind doch mehrere wesentliche Züge des von den Alten geübten Verfahrens in unzweideutiger Klarheit hervorgetreten. Dieses anerkannt, werden wir nicht zögern, in der Triangulation ein wichtiges Hilfsmittel zur Kontrolle von Restaurationen zu begrüssen. Wie Zweifelfälle von geringerer Bedeutung dadurch geschlichtet werden können, haben wir im obigen hin und her schon bemerkt. Es mag etwa noch die Porta nigra in Trier (Fig. 67) hinzugefügt werden, wo das Übergreifen der Dreiecksspitzen bei a und b die Vermutung rege macht, dass das richtige alte Niveau um so viel tiefer gelegen habe. Allein es werden auch Fälle dadurch aufgeklärt werden, in denen der Spielraum des Ungewissen sehr viel grösser ist. Ich will zwei berühmte Bauten, deren wahre Gestalt wiederzufinden schon den Scharfsinn vieler beschäftigt hat, zur Probe stellen.

80. Das MAUSOLEUM zu HALIKARNASS. Der zu den sieben Weltwundern gerechnete Bau, die gemeinsame Schöpfung der bedeutendsten um die Mitte des vierten Jahrhunderts blühenden griechischen Künstler, hat nach und nach mehr als 40 Rekonstruktionsversuche hervorgerufen. Derjenige Petersens (1867) steht im Rufe, die Quellen (unter denen die von genauen Massangaben begleitete Beschreibung des Plinius obenan steht) am einsichtigsten interpretiert zu haben. Auf einem gewaltigen, die Grabkammern enthaltenden Unterbau erhob sich eine Tempelcella mit doppeltem Säulenumgang ionischer Ordnung und darüber eine von einer Quadriga bekrönte Pyramide. Der Grundriss ist durch Ausgrabungen festgestellt, die Höhenmasse der einzelnen Stockwerke wie die Zahl der Säulen giebt Plinius, Säulenfragmente haben sich erhalten. Die Triangulation (vgl. Fig. 22) erweist nun die adäquate Richtigkeit der Rekonstruktion (selbstverständlich nur in den Hauptlinien). Aber nicht um die beiden in unserer Zeichnung sichtbaren Dreiecke allein handelt es sich, sondern es ist in das erste noch ein anderes eingeschlossen mit der Breite der Cella als Basis, was soviel heisst, dass die Proportionen der Cella den Gesamtproportionen geometrisch ähnlich sind. Eine stärkere, jede Täuschung durch Zufälligkeiten vollständiger ausschliessende Gewähr kann nicht wohl gegeben werden. Dagegen besteht ein geringer und auch mit unserem Mittel nicht mit voller Sicherheit zu verbessernder Fehler in Bezug auf die Höhe der Pyramide; wahrscheinlich war sie ein wenig steiler und das Postament der Quadriga ein wenig niedriger. — Ein interessantes Vergleichsobjekt giebt

81. das Grabmal der PLAUTIER bei TIVOLI (Fig. 21). Im einzelnen ist alles anders, das tringuläre Schema ist gleichwohl dasselbe.

82. Die Kirche S. LORENZO in MAILAND ist trotz ihrer äusseren Unscheinbarkeit ohne Zweifel, wie Jakob Burckhardt sie zuerst gepriesen hat, „eines der wichtigsten und schönsten Bauwerke Italiens". Im gegenwärtigen Bau sind das Erdgeschoss und die Emporen in der Hauptsache alt. Dagegen die Kuppel über dem grossen Mittelraum ist im Mittelalter und dann noch einmal im 16. Jahrhundert erneuert; die Wiedergewinnung ihrer ursprünglichen Gestalt gehört zu den baugeschichtlich interessantesten Restaurationsproblemen. J. Kohte, der letzte, der dem Gebäude ein gründliches Studium zugewandt hat, hat sich, meines Erachtens mit Recht, für eine Halbkreiskuppel auf sphärischen Hängezwickeln entschieden.

Wenn wir in seine Restauration (Fig. 17) das bekannte Dreieck einzeichnen, so finden wir an den alten Teilen die wichtigen Schnittpunkte a' und b' und wieder d und e, ferner die kongruenten gleichseitigen Dreiecke afa', ghk, ibb'. Hieraus dürfen wir nach unseren bisherigen Erfahrungen mit grosser Zuversicht den Schluss ziehen, dass der Kuppelscheitel in c gelegen hat. Kohte hat ihn also etwas zu niedrig angenommen. Zunächst zeichnet er, ich weiss nicht warum, den Halbkreis nicht voll; derselbe würde bis c' reichen. Nimmt man dazu ein mächtigeres Kämpfergesimse und eine mässige Überhöhung des Halbkreises, so wird der zu postulierende Punkt c ohne Mühe erreicht. Wegen der Schnittpunkte a' und b' vergl. noch Sta. Costanza in Rom (Fig. 16).

VIII.

Das allgemeine Bild, das uns die Antike auf der einen, das Mittelalter auf der anderen Seite darbietet, enthält so viel in die Augen springende Gegensätze, dass wir das Nachleben jener in diesem nur zu leicht übersehen. Wenn einmal dies Kapitel gründlich erforscht und durchdacht sein wird — eine der schönsten, ob auch schwierigsten Aufgaben für den Historiker — werden wir wahrscheinlich zu erstaunen haben, wie gross doch, trotz aller Verkürzungen, die Erbschaft gewesen ist.

Dem, was sich erhalten hat, müssen wir nunmehr auch die Triangulation zurechnen.

Am deutlichsten für unser Auge läuft die Kette der Überlieferung in der Osthälfte des ehemaligen Römerreichs.

Auf der Grenze beider Welten steht die Sophienkirche in Konstantinopel. Das antike Formenwesen ist an ihr schon völlig aus- und umgeartet, die antike Raumempfindung noch lebendig; ja sie feiert hier ihren letzten und vielleicht höchsten Triumph. Der Grundriss ist allbekannt. Die Raumeinheit ist in dem gewaltigen Mittelsaal, einem nach Ost und West halbkreisförmig erweiterten Quadrat, beschlossen; die Nebenräume, durch massige Pfeiler- und Säulenstellungen in zweimal drei Rechtecke und dann noch einmal in der Höhenrichtung durch die Emporen in zwei Stockwerke geteilt, wirken lediglich als Umrahmung und Hintergrund für jenen. So ist denn auch allein der Mittelsaal in das Triangulationssystem einbegriffen. Die Linie $A-B$ giebt die (aus dem Radius der Halbkuppeln zu entnehmende) Längenachse (Fig. 81). Bei C erreicht das daraus entwickelte, mit grösster Genauigkeit abgemessene Hauptdreieck den Scheitel der grossen Kuppel und wie ein nach und nach ausklingendes Echo erfüllen zahlreiche Nebendreiecke die Unterteilungen im Längs- wie im Querschnitt (Fig. 82). Durch dieses Mittel ist das immer angestaunte Wunder vollbracht, einen Raum herzustellen, der mit raffiniertem Reichtum der Gliederungsmotive im höchsten Grade Einheit und Klarheit verbindet.

Die nachjustinianische Baukunst hat die Triangulationsregel bewahrt, aber nicht mehr weiterentwickelt. Bis etwa ins 9. Jahrhundert scheint sie als obligatorisch angesehen worden zu sein; von da ab begegnen neben zahlreichen Fällen fortdauernder Anwendung in zunehmender Menge auch solche, bei denen von ihr abgesehen ist. Insbesondere schwindet das Verständnis für ihre innere Bedeutung; man ist zufrieden, wenn man an irgend einem Teil des Gebäudes die Vorschrift erfüllt hat; die Komposition im ganzen darauf zu gründen, denkt man nicht mehr. Wohl das letzte Beispiel einer folgerichtigen und geistreichen Anwendung giebt St. Marco in Venedig (Fig. 90). Im übrigen werden die in Fig. 85–89 gegebenen Beispiele, sämtlich aus Salonichi, genügen; anderes der Art findet sich in Konstantinopel, Athen, Kleinasien, Sicilien (La Martorana in Palermo), Unteritalien (Catolica in Stilo), ja sogar noch in türkischen Moscheen (z. B. Murads I. in Brussa).

Historisch interessanter und künstlerisch triebkräftiger zeigt sich das Nachleben der Triangulation im Abendland. Wir haben auf dem Gebiete des Centralbaues bereits gesehen, wie die scheinbar versiegte Tradition in Aachen und dann wieder in Ottmarsheim an die Oberfläche trat. Merkwürdig ist dabei, dass der letztgenannte Bau um 250 Jahr jünger ist, und dass die dazwischen liegenden Nachahmungen der Aachener Pfalzkirche — die zu Nymwegen und Essen können noch kontroliert werden — ebensowenig eine Spur von Triangulation zeigen, wie der bedeutendste Centralbau Italiens im 11. Jahrhundert, das Baptisterium von Florenz. Der Centralbau ist aber überhaupt nur etwas Nebensächliches in der mittelalterlichen Baukunst. Wichtig konnte die Triangulation nur werden, wenn sie auf den Querschnitt longitudinaler Anlagen übertragen wurde. Und dies nun ist wirklich geschehen. Das älteste Beispiel, das ich gefunden habe, ist die Kirche S. Martin d'Ainay in LYON, erbaut um das Jahr 1000; es folgen St. Philibert in TOURNUS, ebenfalls im burgundischen Rhonegebiet gelegen, und LIMBURG A. D. HARDT, beide noch vor der Mitte des 11. Jahrhunderts; dann die schon genannte Kirche in OTTMARSHEIM und (wahrscheinlich) der Dom von SPEIER in seiner älteren, flach gedeckten Gestalt. Da die genannten deutschen Kirchen unter sich in Beziehung stehen und die älteste von ihnen, die von Limburg, gewisse burgundische Einflüsse (woran ich trotz neuerlicher Einsprüche festhalte) empfangen hat, so kann man von einem Schulzusammenhang wohl reden. In der ersten Hälfte des folgenden Jahrhunderts finden wir Fälle von Triangulation ziemlich häufig, doch ohne rechte Konsequenz, in Burgund, einmal auch, und zwar in sehr abweichender Behandlung, im Languedoc.*) Unter den Flachdeckbasiliken Italiens habe ich nur zwei Beispiele gefunden (womit freilich, da die Summe der veröffentlichten Querschnitte nur klein ist, ein letztes Wort noch nicht gesprochen sein kann): der Dom von PISA (Fig. 91) und der von MODENA (Dehio und v. Bezold, Die kirchliche Baukunst, Taf. 74, Fig. 5, linke Hälfte); beide sind erheblich jünger, als die oben genannten burgundischen und rheinischen Denkmäler. Die meisten Beispiele triangulierter romanischer Flachdeckbasiliken bietet Deutschland und zwar über alle Landschaften verteilt: in Bayern S. Jakob in REGENSBURG und PRÜFENING, in Franken S. Jakob in WÜRZBURG, in Hessen BREITENAU und ILBENSTADT, in Sachsen U. L. Frauen in HALBERSTADT.

Dieses sind die (wahrscheinlich noch nicht vollständig beigebrachten) Thatsachen. Sie historisch abzuleiten und unter sich zu verbinden — und wäre es auch nur durch eine plausible Hypothese — stellt sich als überaus schwierig heraus. Vorerst muss gesagt werden, **dass den altchristlichen Basiliken die Triangulation durchaus fremd ist**; sie haben stets niedrigere Proportionen als die im gleichseitigen Dreieck gegebenen.**) Im Gegensatz dazu waren wir, was die antiken Profanbasiliken betrifft (vgl. oben), eher geneigt, die Frage bejahend zu beantworten, allerdings nur auf einen allgemeinen Wahrscheinlichkeitsschluss hin. Erwägen wir dann noch, dass die profanen Basiliken häufig Galerien über den Seitenschiffen

---

*) Die Belege in meiner eingangs genannten Abhandlung S. 17.
**) Die triangulierte Kirche Sta. Balbina auf dem Aventin ist ursprünglich ein Profanbau und dem Anlagetypus nach keine Basilika, sondern ein einschiffiger Saal.

hatten, die christlichen dagegen ihrer stets entbehrten, so müssen ihre Mittelschiffe durchschnittlich um einiges höher gewesen, d. h. der triangulären Proportion mindestens sehr nahe gekommen sein. War aber eine solche Annäherung durch die Natur der Sache schon gegeben, dann wäre es wirklich seltsam, wenn gerade diese Gebäudegattung von der so allgemein verbreiteten und, was wir an der Vorhalle des Pantheons und am alten Dom von Trier gesehen haben, auch auf dreischiftige Hallen erstreckten Regel ausgeschlossen gewesen sein sollte. Liesse sich diese Wahrscheinlichkeit durch die Denkmäler selbst noch positiver begründen, als es leider möglich ist, so hätten wir ein neues wichtiges Unterscheidungsmerkmal zwischen der profanen und der kirchlichen Basilika, und damit einen Beweis mehr gefunden, dass die letztere in einer anderen Baugattung — ich meine dem antiken Hause — ihre Wurzeln gehabt hat.

Mag es sich nun hiermit verhalten, wie es wolle: sicher ist, dass die Triangulierung der Basilika wie sie im Mittelalter auftrat, eine selbständig gedachte Neuanwendung der vorgefundenen Überlieferung war. Diese Überlieferung aber, woher kam sie? Nur zwei unmittelbare Quellen können in Betracht kommen: entweder der altchristliche Centralbau oder die byzantinische Architektur, oder allenfalls auch beide zusammen. Zwischen diesen Möglichkeiten uns zu entscheiden, sind wir zur Zeit nicht in der Lage. Immer war es nicht eine breitströmende Überlieferung, sondern eine sprungweise hin und wieder auftauchende Kunde, bei der eben dies das Rätselhafte ist, dass sie nicht entweder ganz erlosch oder aber ganz allgemein wurde.

Das letztere verwirklichte sich doch annähernd im ersten Jahrhundert des gotischen Stils. Die näheren Nachweise, die ich hier nicht wiederholen will, sind in meiner eingangs citierten Schrift gegeben. Man hat zwei Arten von gotischer Triangulation zu unterscheiden. Die eine ist lediglich die Fortsetzung der oben geschilderten romanischen und findet sich sehr häufig im deutschen Übergangstil und der deutschen Frühgotik. Das letzte Beispiel von Bedeutung bietet das Schiff des Münsters zu Strassburg. Ich habe dasselbe in Fig. 95 so zur Darstellung gebracht, dass der Vergleich mit dem römischen Pantheon — beide sind in gleichem Massstabe gezeichnet — unmittelbar vor Augen steht. Die Gotik Frankreichs, die von Anfang an die relative Höhe des Mittelschiffes bedeutend steigerte, konnte an diesem älteren Verfahren nur bei fünfschiffigen Anlagen festhalten: Notre-Dame in Paris, Chöre von Amiens und Le Mans; die beiden letzteren schon in Kombination mit der jüngeren Weise. Diese hat die Triangulierung des Gesamtquerschnittes aufgegeben; Mittelschiff und Seitenschiffe werden ein jedes für sich berechnet, dergestalt, dass zwei, später drei und selbst vier Dreiecke übereinander zu stehen kommen (Fig. 42, 43). Wie man sieht, genau dasselbe Verfahren, das für gewisse Fälle schon den Griechen und Römern geläufig war. An eine unmittelbare Tradition wird man hier nicht glauben wollen; vielmehr hat im einen und im anderen Fall dasselbe Bestreben, nämlich auch unter veränderten Verhältnissen das für ehrwürdig und wertvoll gehaltene Gesetz zu retten, dieselben Folgerungen erzeugt. Nachdem diese neue dehnbare Formel gefunden war, wurde nicht mehr bloss der Querschnitt, sondern auch das System des Längenschnittes, ja schliesslich sogar der Grundriss der triangulären Proportionierung unterworfen. Über den objektiven ästhetischen Wert dieses Kanons zu urteilen, ist nicht meine Sache und dürfte mit einem überzeugenden Ja oder Nein zu entscheiden überhaupt sehr schwer sein; es genügt mir, zur Augenscheinlichkeit gebracht zu haben, dass die klassisch-gotische Schule im Anfang des 13. Jahrhunderts ihr ganzes Vertrauen in ihn setzte und mit erfindungsreichem Scharfsinn an seiner Durchbildung arbeitete. Der KÖLNER DOM bezeichnet auch hierin das Letzte und Höchste in der gotischen Systematik.

Aber nun geschah etwas, das uns überrascht und wofür wir eine ausreichende Erklärung nicht zu finden vermögen. Nämlich: anstatt Gemeingut zu werden, wie man allein für wahrscheinlich halten würde, verliert die triangulatorische Regel vom Ende des 13. Jahrhunderts ab schnell an Geltung. Die Pariser STE. CHAPELLE und die Abteikirche von ST. DENIS sind in Frankreich, der Dom von REGENSBURG und die KATHARINENKIRCHE in OPPENHEIM in Deutschland die letzten Zeugen ihrer Herrschaft, die ich gefunden habe. Hatte in den Bauhütten eine kritische Gegenströmung die Oberhand gewonnen? Es ist nicht eben wahrscheinlich. Oder überwog so sehr die Auffassung der Gotik als Konstruktionskunst, dass dahinter das Interesse an der Raumkunst ganz zurücktrat? Diese Erklärung würde dem Geist des 14. Jahrhunderts schon eher entsprechen. Oder endlich: hat man vielleicht die Triangulation gar nicht, wie es uns scheint, aufgegeben, sondern nur zu einem noch künstlicheren Verfahren, für das uns einstweilen der Schlüssel noch fehlt, umgebildet? Auch diese Möglichkeit wird man nicht schlechthin abweisen können.

Sowohl mit dem zweiten als mit dem dritten Erklärungsversuch stünde in Einklang, was sich, abweichend von der nordischen Entwickelung, in Italien zeigt. Man weiss, dass die italienische Gotik in der Konstruktion viel einfacher war; man weiss auch, dass sie für den ästhetischen Wert des Raumes ein Verständnis sich bewahrte, das die nordische Gotik erst im späten 15. Jahrhundert, und auch da nur unvollständig, wieder gewann. Sie nun, die italienische Gotik, hat nicht aufgehört zu triangulieren bis an das Ende. Die Italiener sind auch die einzigen, die uns von der Triangulation schriftliche und bildliche Nachricht erhalten haben.

Cesare Cesariano, der Verfasser der ersten italienischen Vitruvübersetzung (Como 1521), erläutert den Begriff der „orthographia" an dem Beispiel einer Grundriss- und Querschnittzeichnung des Mailänder Domes, wobei er ausführt, dass dieselben nach der „deutschen", d. i. gotischen, Regel trianguliert seien. Zeichnung und Erklärung sind in den ersten deutschen Vitruv, von Walther Rivius (Nürnberg 1540), übergegangen und von hier entnahm Sulpiz Boisserée seine allerdings noch sehr undeutliche Vorstellung von der Sache. Allein Cesarianos Angaben sind bekanntlich von der jüngeren Generation der Kunst- und Bauforscher einmütig verworfen worden. Man hielt sich durch den herrschenden Begriff der künstlerischen Freiheit dazu verpflichtet, indem man also argumentierte: ein echtes Kunstwerk kann ohne Freiheit nicht geschaffen werden, die gotischen Kirchen sind echte Kunstwerke, folglich können sie nicht trianguliert sein und folglich ist auch die Angabe Cesarianos unglaubwürdig oder mindestens ohne allgemeine Bedeutung. Diese Schlüsse schienen so unwiderstehlich, dass niemand den Versuch der Mühe wert hielt, sie an den Denkmälern experimentell nachzuprüfen. Dieses gleichwohl zu thun, habe ich für Pflicht gehalten und bin dabei zu den in der mehrerwähnten Schrift niedergelegten, die Angabe Cesarianos vollauf bestätigenden Ergebnissen gekommen. Nun ist allerdings richtig, dass in Cesarianos Darlegung der an sich einfache Kern der Sache mit allerlei überflüssigen Künsteleien verwickelt wird. Ob dieselben von seiner eigenen Erfindung sind oder bei den Epigonen der Gotik allgemeiner verbreitet waren, kann uns heute verhältnismässig gleichgiltig sein. Denn es ist soeben (März 1895) ein vollkommen authentisches Dokument von bedeutend höherem Alter an den Tag gekommen.*) Gleich im Anfangsstadium des Mailänder Dombaues entstand zwischen den einheimischen Architekten und den aus Deutschland berufenen ein heftiger Streit. Unter den Sachverständigen, deren Superarbitrium man einholte, befand sich der Piacentiner Gabriel Stornaloco „expertus in arte geometriae". Von diesem rührt die beistehend in verkleinertem Faksimile (nach Beltrami) wiedergegebene schematische Zeichnung her mit dem Datum a. 1391.

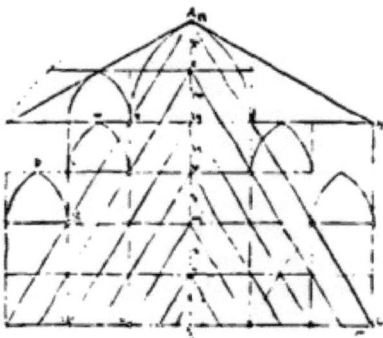

Das erste Geschoss ist nach dem Schema des Kölner Doms proportioniert, d. i. drei nebeneinander gestellte gleichseitige Dreiecke bestimmen einerseits die Gesamtbreite der fünf Schiffe, andererseits die Höhe der ersten Kämpferlinie. Die weitere Entwickelung erfolgt nach einer anderen Idee als in Köln, aber immer streng triangulatorisch. Inwieweit die wirkliche Ausführung dem Schema Stornalocos entspricht, vermag ich, da mir eine zuverlässige Querschnittaufnahme nicht zur Hand ist, nicht zu sagen.

Das zweite Dokument ist ebenfalls unanfechtbar. Es ist ein auf den Bau von S. Petronio in Bologna bezüglicher, im Jahre 1592 als Kupferstich veröffentlichter Riss (Fig. 94), dessen Mitteilung ich meinem

---

*) Luca Beltrami, La Certosa di Pavia, p. 42.

Freunde Dr. Hülsen in Rom verdanke und der hier zum erstenmal veröffentlicht wird.*) Der Bau von S. Petronio, in den ersten Vorbereitungen begonnen 1388 und bestimmt, die grösste gotische Kirche nicht nur Italiens, sondern der Welt zu werden, war im Laufe des 15. Jahrhunderts in Stockung gekommen; gegen Ende des 16. entschied man sich, nachdem zahlreiche Projekte für den Ausbau umsonst aufgestellt waren, für die Vollendung, wenn auch in verkürzter Gestalt. Ausser dem Querschiff und Chor, die definitiv aufgegeben wurden, fehlten noch die Hochwände und Gewölbe des Mittelschiffes. Hierüber entspann sich ein unter leidenschaftlicher Teilnahme der ganzen Bevölkerung geführter Streit.**) Die eine Partei verlangte, dass die ursprünglich beabsichtigte, der „deutschen" d. i. gotischen Regel des gleichseitigen Dreiecks entsprechende, Höhe beibehalten werde; die andere, an der Spitze der leitende Architekt Terribilia, wollte, teils aus dem bekannten Hass der Renaissancekünstler gegen den gotischen Stil als solchen, teils aus wirklich stichhaltigen Gründen, die Gewölbe niedriger haben, und diese blieben, wenn auch mit einigen Zugeständnissen, Sieger. Auf unserem Kupferstich nun giebt ein mir nicht näher bekannter Architekt Friano Ambrosino eine Parallele, wie er in der Beischrift ausführt, zwischen dem neuen Gewölbe (Scheitelhöhe $K\,\mathcal{J}$) und dem triangulationsgerechten ABC mit den Teildreiecken FBD und FDC. Man sieht auf der Zeichnung nichts von dem überkünstlichen Liniennetz Cesarianos, sondern ein ganz einfaches Schema, identisch mit dem von mir experimental rekonstruierten. Ausserdem enthält die Beischrift die Behauptung, alle alten Teile seien trianguliert gewesen. Die von mir angestellte Probe (s. den citierten Aufsatz im Repertorium) hat sie nicht nur für den Querschnitt, sondern auch für den Längenschnitt als vollkommen richtig erwiesen und ein Verfahren erkennen lassen, das mit den nordisch-gotischen Gepflogenheiten des 13. Jahrhunderts auf das genaueste übereinstimmt. Ebenso unwahrscheinlich, als die Annahme wäre, dass der Zeichner eine verschollene Regel selbständig wieder entdeckt hätte, ebenso wahrscheinlich ist die andere, dass er sich auf das im Bauarchive gefundene Material gestützt hat. Auch

*) Genaueres in meinem gleichzeitig erscheinenden Aufsatz im Repertorium für Kunstwissenschaft Bd. XVIII. Heft II.
**) Nach den Urkunden in Gayes Carteggio geschildert von A. Springer in den Bildern zur neueren Kunstgeschichte.

muss hinzugefügt werden, dass in Terribilias gegen die Triangulation gerichteten Gutachten von dieser als von einer bekannten, aber allerdings, weil nicht vitruvisch, der Autorität entbehrenden Regel gesprochen wird.

IX.

Wir haben gesehen, dass Cesariano im Jahre 1521 von der Triangulation als einer gotischen Einrichtung zwar Kenntnis hatte, über ihre Geltung in der Antike aber in Unkenntnis war; siebzig Jahre später ging Terribilia einen Schritt weiter und benutzte das Schweigen Vitruvs über sie als einen Grund, sie zu missbilligen. Es entsteht hieraus die Frage, ob diese Unkenntnis und diese Missbilligung in der Renaissance allgemein verbreitet waren? Die Untersuchung in vollem Umfange durchzuführen, wäre ein höchst weitläufiges und wegen der Unvollständigkeit des publizierten Materials von vornherein zur Halbheit verurteiltes Unternehmen. Wir glauben aber, dass in den Hauptfragen schon eine kleinere Zahl von Proben uns einiges Licht bringen muss.

Wenden wir uns sogleich an die beiden grundlegenden Meister, Brunellesehi und Alberti. Was zeigen sie uns? Dass sie, wo sie Kirchen zu bauen hatten, der triangulatorischen Überlieferung treu blieben, ja sogar sie auf die neugeschaffenen Kompositionstypen übertrugen! Der CAPPELLA PAZZI und der Kirche S. LORENZO (Fig. 96, 98) ist wahrscheinlich auch S. SPIRITO hinzuzufügen, mit der Variante freilich, dass sich die Basis des normativen Dreiecks bis zu den Abschlussmauern der Seitenkapellen erstreckt; nach dem Tode des Meisters ausgeführt und vielleicht deshalb nicht ganz genau. Für Alberti zeugt S. ANDREA in MANTUA; die Zeichnungen des inneren Aufbaues habe ich zu spät in die Hände bekommen, um sie in meine Tafeln aufnehmen zu können; so genüge der Riss der Fassade (Fig. 97). Das Verfahren ist überall nicht das ausgebildet gotische (Berechnung jedes einzelnen Schiffes für sich), sondern das ältere (Berechnung durch ein einziges Dreieck). Dies würde uns auf eine falsche Fährte, nämlich Entlehnung aus der Antike, bringen können, wüssten wir nicht schon durch den Riss von S. Petronio, dass in der italienischen Gotik das ältere Verfahren neben dem jüngeren im Gebrauch geblieben war.

Gegen die naheliegende Vermutung, Brunelleschi und Alberti hätten schon die Triangulation in der Antike entdeckt — für die u. a. auch dies sprechen würde, dass Alberti das Dreieck erst über den Säulensockeln beginnen lässt, gerade wie so viele römische Triumphbögen — fällt doch immer das Schweigen in dem Buche *de re aedificatoria* schwer ins Gewicht. Wäre die Regel als antike erkannt worden, so hätte sie sicher schnell kanonisches Ansehen erlangt. So aber blieb es dem Ermessen der einzelnen Künstler anheimgegeben, sich ihr zu unterwerfen oder von ihr abzusehen. Das letztere ist der Fall bei den Kirchenbauten der Brüder S. Gallo. Das erstere bei Cronacas S. FRANCESCO AL MONTE (Fassade und Querschnitt), Meo da Settignanos STA. MARIA DEL POPOLO (Fig. 102, 103), ferner an Rosselinos Dom von PIENZA (Fig. 99) und den kleinen noch halb gotischen Kirchen DEI SERVI in SIENA und DELLA MISERICORDIA in SANSAVINO (Fig. 100, 101).

Will man ausser der strikten Triangulation noch eine freiere Form der Anlehnung annehmen, was nicht unmöglich wäre, so käme man natürlich auf eine viel grössere, aber freilich auch unkontrolierbare Zahl von Fällen.

Wichtiger ist mir, erkannt zu haben, dass der centrale Genius der Hochrenaissance, dass Bramante ein entschiedener Verehrer der ästhetischen Eigenschaften des gleichseitigen Dreiecks gewesen ist. Zwischen seinen beglaubigten Werken und denen seiner Schule zu unterscheiden, ist hier ohne Belang. Fig. 107—111 geben fünf Beispiele lombardischer Centralbauten, denen noch Sta. Maria della Croce bei CREMA, die Fassade des Dommodelles von PAVIA und — wahrscheinlich — Sta. Maria della Grazie in MAILAND anzureihen wären. Teils die Einwirkung Bramantes, teils selbständiges Fortleben der mittelalterlichen Tradition zeigen S. Salvatore, S. Crisostomo, S. Zaccaria, Sta. Maria de' Miracoli in VENEDIG (Fig. 104, 105), Sta. Giustina in PADUA (Fig. 116), Sta. Maria de' Miracoli in BRESCIA (Burckhardt, Fig. 79), endlich das Werk eines Vicentiner Architekten im mittelitalienischen MONGIOVINO (Fig. 106). Zu bemerken ist die selten fehlende Besonderheit, dass die Sockelarchitektur bei Bemessung des Dreiecks nicht mitgerechnet wird, wie wir es schon an Albertis Fassade in Mantua gesehen haben.

Die Frage, ob er die Triangulation in der Antike gekannt hat, möchte ich auch für Bramante, im Hinblick auf seinen Schüler

Cesariano, verneinen. Am wahrscheinlichsten wird er zuerst durch Alberti, dem er so viel verdankte, auf sie aufmerksam gemacht sein. Er hat sie dann mit genialem Instinkt auf ihr ältestes und eigenstes Gebiet, den Centralbau, zurückgeführt, wo sie sich sofort höchst fruchtbar erwies.

Bramantes römische Zeit repräsentieren S. LORENZO IN DAMASO (Fig. 114) und das Tempietto bei S. PIETRO IN MONTORIO; an diesem der Stockwerkteilung entsprechend zwei Dreiecke, das erste nach dem Durchmesser des Säuleneinganges und mit der Spitze das Kranzgesims unter der Kuppel erreichend, das zweite noch den Durchmesser des Oberbaues und mit seinem Perpendikel die Strecke von der Balustradenoberkante bis zur Kuppel bestimmend — also genau das Schema des antiken Grabmals unter Tivoli (Fig. 21). Sodann von Werken der Schule S. Florido in CITTÀ DI CASTELLO (Fig. 115), die Madonnenkirche in MACARETO (Laspeyres No. 169, 170, Äusseres und Inneres je bis zum Kuppelgesims), Vitonis Madonna dell' Umiltà in PISTOJA (Fig. 113; das letzte Geschoss und die Kuppel von Vasari; über die von Vitoni beabsichtigte Höhe belehrt das Doppeldreieck), die Consolazione in TODI, das Triangulationsschema von Bramantes Tempietto aufs reichste weiter ausbildend (Fig. 112) und von demselben Meister der Dom von FOLIGNO (Laspeyres No. 223; die Triangulation im Umbau des 18. Jahrhunderts erhalten).

In diese Reihe gehört noch Raphael; nicht erst der Architekt der Peterskirche, sondern schon der latente Architekt, als den er sich auf dem Bilde der Verlobung Mariä zeigt (Fig. 122). Um den Umstand, dass der den oberen Teil des Bildes einnehmende Tempel streng trianguliert ist, ins rechte Licht zu rücken, muss man das Vorbild Peruginos daneben halten, dessen analoges Gebäude nicht trianguliert ist. Aber noch mehr! Die Einteilung der ganzen, gleichsam in zwei Stockwerke zerlegten Bildfläche, ist triangulatorisch bestimmt. Es liegt hier eine in dieser Anwendung ganz überraschende Wiederholung des Schemas von Bramantes Tempietto vor und so wird ein Punkt in Raphaels Biographie, über den wir bis dahin nur unbestimmte Vermutungen hatten, der Gewissheit ganz nahe gebracht, nämlich, dass er schon in diesen seinen jungen Jahren mit Bramante in nahe Beziehungen getreten ist. Als ausgeführte Architekturwerke von Raphael sind nach Geymüllers Untersuchungen die CAPPELLA CHIGI bei S. Maria del Popolo und die kleine Kirche S. ELIGIO anzusehen. Sie sind beide trianguliert (an der Cappella Chigi nur aus Letarouillys Aufnahme zu erkennen, nicht aus der älteren von Geymüller reproducierten).

Wenn wir richtig gesehen haben, dass in der praktischen Ästhetik Bramantes das gleichseitige Dreieck einen Platz von centraler Wichtigkeit einnahm, wie verhielten sich dann dazu die Entwürfe zum S. Peter? Es sind von ihnen bekanntlich nur Bruchstücke auf uns gekommen. Aber der Forscher, dem wir ihre Sammlung verdanken, Heinrich von Geymüller, hat es nicht für hoffnungslos gehalten, aus ihnen des Meisters Plan wiederherzustellen. Für Geymüllers Vorschlag, wie für meinen obigen Satz wird es eine bedeutungsvolle Probe sein, wenn wir sie aneinander sich messen lassen. Man betrachte darauf hin die Fig. 117. Offenbar hat das gleichseitige Dreieck hier die Raumphantasie des Architekten stark beeinflusst, aber wir vermissen doch die konsequente Durchführung, die nach Analogie der früheren Fälle zu erwarten wäre: die Spitze des Dreieckes trifft nicht auf den für den Innenraum allein bedeutsamen Punkt des Kuppelscheitels, sondern liegt ohne einen ersichtlichen Grund um einiges höher. Für mich war es natürlich das Nächstliegende, anzunehmen, dass sich in Geymüllers Berechnung irgendwo eine irrige Grösse eingeschlichen habe. Und zu meiner grossen Freude brauchte ich nicht lange zu suchen, um den Fehler und zugleich seine Verbesserung zu finden. Der Fehler liegt, wie gleich zu erwarten war, in den Massen des Tambours und der Kuppel. Für sie ist der Originalentwurf Bramantes nicht erhalten, sondern nur eine grosse Holzschnittkopie in dem berühmten Lehrbuch des Serlio. Daran hat sich Geymüller gehalten. Nun sind wir aber nicht auf die Zeichnung allein angewiesen, es sind ihr auch in Ziffern ausgedrückte Masse beigeschrieben, und nach diesen hat Letarouilly (in seinem grossen Werk über den Vatikan) die Austragung nach der Meterrechnung vorgenommen. Sie ergiebt eine, für das blosse Auge allerdings nicht auffällige, Verschiebung, welche darlegt, dass der Zeichner für den Holzstock bei der Umsetzung der Masse nicht sehr genau gearbeitet hat. Die korrigirte Zeichnung aber erweist sich aufs genaueste trianguliert! Setzen wir sie in Geymüllers im übrigen unveränderte Rekonstruktion ein, so trifft die Spitze des beherrschenden Dreiecks, so wie wir es postulierten, mit dem Scheitel der Kuppel zusammen. Es bleibt noch übrig, die am gegenwärtigen Bau noch von Bramante selbst herrührenden Teile zu untersuchen: die Kuppelpfeiler mit ihren Bögen und den nach Geymüllers Annahme zwar nach Bramantes Tode aber seinen Massen entsprechend ausgeführten Tambour. Die Triangulierung des Kuppelraumes (Fig. 120) lässt wiederum einen Fehler vermuten, da die Spitze des oberen Dreiecks auf eine Teilungslinie von verhältnismässig untergeordneter Bedeutung trifft. In der That liegt eine Verfälschung der Bramanteschen Masse vor, eine Verfälschung, die wir aber zum Glück wiederum richtig stellen können. Wir müssen uns erinnern, dass einer der späteren Dombaumeister (Antonio da S. Gallo) den Fussboden um 3,20 Meter aufgehöht hat. Rücken wir das Doppeldreieck um ebensoviel tiefer, dann fällt seine Spitze auf eine Baulinie von allerdings einschneidendster Bedeutung: auf die Unterkante des Architravs. Weitere triangulatorische Beziehungen habe ich, um die Zeichnung nicht zu verwirren, bloss in Buchstaben angegeben. Die in richtiger Weise tiefer geschobene Linie fa der Fig. 120 würde in ihrer Verlängerung auf r stossen. Dies r ist aber identisch mit c der Fig. 117; endlich $cab = fde$ und $ca = cb = ab$, d. h. wie die Kuppelhöhe aus der Triangulation der ganzen Länge (mit Ausschluss der Exedren), so ist die Höhe der Kreuzarme in gleicher Weise aus der halben Länge entwickelt: ein, wie ich nicht zweifele, aus dem Pantheon abgeleitetes Verhältnis. — Ich darf hoffen, dass man Geymüllers Restauration (mit der von mir angegebenen kleinen Verbesserung) fernerhin nicht mehr bloss als eine mehr oder minder wahrscheinliche, sondern als eine siegreich erprobte Hypothese ansehen wird, und freue mich, der aus tiefer Sachkenntnis hervorgegangenen Divination des ausgezeichneten Forschers zu dieser Genugthuung geholfen zu haben.

Nachdem Bramantes Nachfolger am S. Peter kräftig am Werke gewesen waren, seine Gedanken zu entstellen, nahm Michelangelo das Verdienst für sich in Anspruch, sie wiederhergestellt zu haben. Man deutet dies auf die Rückkehr zum reinen Centralbau. Vielleicht meinte Michelangelo damit noch etwas mehr: die Rückkehr zur Triangulation. Thatsache ist jedenfalls, dass Antonio da S. Gallos Entwürfe von dieser keine Spur zeigen, während Michelangelo dort, wo er es noch konnte, strengstens trianguliert hat. Das war am Aussenbau. Unsere Fig. 121 giebt sein Modell. Nur ein einziges Dreieck, das aber durch die Schnittpunkte a, b, c, d in die Teilung in bedeutsamster Weise eingreift. Auf der Ähnlichkeit der subordinierten Dreiecke cdC und Cab mit dem dominierenden CAB beruht eine Harmonie, die das Wesen des Centralbaues mit der grössten Klarheit und zwingendsten Strenge zum Ausdruck bringt. Nicht minder war dies sein Wille für das Innere. Er beabsichtigte die Kuppel aus drei Schalen zu konstruieren. Von diesen hat della Porta die unterste unterdrückt. Stellt man sie, was freilich nur noch näherungsweise möglich ist, auf der Zeichnung wieder her, so erweist sich, dass auch Michelangelo den inneren Aufbau nicht anders denn als Umschreibung des gleichseitigen Dreiecks gedacht hat. Dessen Widerhall im Querschnitt der Kreuzarme kann man noch heute erkennen, wie ich an Fig. 119 freilich nur mittelbar demonstrieren kann. Sie giebt den Querschnitt durch Madernas Langhaus. Die als Basis des Dreiecks angenommene Linie ist dem Bau Michelangelos entlehnt; die Seiten schneiden bedeutsam den Scheitel der grossen Mittelschiffsarkaden; die Spitze erreicht den Gewölbescheitel nicht ganz; aber dieses Minus beträgt genau so viel, als Maderna seine Gewölbeschale gegen die Michelangelos dünner gehalten hat (vgl. den Längenschnitt, sehr bequem zugänglich z. B. in Lübkes Geschichte der Architektur).

Nachdem durch das Beispiel solcher Künstler und Kunstwerke eines der vornehmsten Proportionsgesetze der Antike neu belebt war — ohne Kenntnis allerdings seines antiken Ursprunges, rein aus subjektiv ästhetischer Sympathie —, wäre nichts natürlicher gewesen, als dass es dieselbe allgemeine Geltung erlangt hätte, wie ehedem im Altertum. Und doch geschah das Gegenteil. Ich habe die Kirchenbauten der Hochrenaissance nur in Stichproben geprüft; sie genügen, um zu sagen, dass die Triangulation ausserhalb des unter Bramantes unmittelbarem Einfluss stehenden Kreises nur in seltenen Ausnahmen*) geübt wurde. Die Abkehr ist ebenso vollständig und ebenso schwer verständlich wie einst im Verhältnis des 14. Jahrhunderts zum 13. Dass man in festen Ordnungen dieser Art eine schädliche Fessel der künstlerischen Freiheit gefürchtet habe, ist für die nachbramantesche Generation von allem das wenigst Wahrscheinliche. So wird man doch wohl die Gründe, die bei Gelegenheit des Streites um S. Petronio in Bologna wider die Triangulation an-

---

*) Die wichtigste derselben, die ich gefunden habe, ist Sanmichelis herrliche Cappella Pellegrini: zwei Dreiecke von der Oberkante des Sockels bis zum Kuppelscheitel. Von den sonstigen wenigen Kirchenbauten des grossen Meisters habe ich keine Abbildungen zur Hand.

geführt wurden, als die Durchschnittsmeinung ansehen müssen: das Vorurteil, dass sie unantik, dass sie ein Erbstück aus der verhassten Gotik sei. Seltsame Ironie! gerade die strengen Klassicisten haben mit ihrem beschränkten Doktrinalismus ein echt antikes Kunstmittel ausrotten müssen, das selbst die dunkelsten Zeiten des Mittelalters unversehrt überstanden hatte. Es ist etwas Ähnliches wie mit der jahrhundertelangen Herrschaft des falschen Dogmas von der Farblosigkeit der antiken Bau- und Bildhauerkunst. Man denkt an Albrecht Dürers Wort: „Gar leichtiglich verlieren sich die Künste, aber schwerlich und durch lange Zeit werden sie wieder gefunden."

Wir werden aber nicht übersehen dürfen, dass vergessen sein hier nicht gleichbedeutend mit tot sein ist. Die Meisterwerke der Antike und Renaissance hörten nicht auf, ein Gegenstand des Studiums und der Nachahmung zu sein, und so sind auch im 17., 18. und 19. Jahrhundert triangulatorische Proportionen, freilich ohne dass sie als solche erkannt worden wären, unzähligemal wiederholt, sei es näherungsweise, sei es genau. Zuweilen auch ist es in bewusster Absicht geschehen, so z. B. unzweifelhaft bei der PAULSKIRCHE in LONDON. Aber eine eigentliche Regel und fortlaufende Tradition zu sein, hatte die Triangulation allerdings seit dem 16. Jahrhundert aufgehört.

X.

Die Geschichtsforschung weist, wie jede Einzelwissenschaft, über sich selbst hinaus, indem sie auf Ergebnisse stösst, die sie mit ihren eigenen Mitteln nicht mehr erklären kann. So glaube ich nicht, wie ich es schon in der Einleitung gesagt habe, dass das wissenschaftliche Interesse an den im obigen experimentell aufgedeckten Erscheinungen damit erschöpft sei, dass ihre geschichtlichen Gruppierungen und Beziehungen nachgewiesen wurden. Wir werden zur Frage fortschreiten: warum sind die Menschen auf dies Kunstgesetz gekommen? warum hat es unter ihnen dritthalbtausend Jahre in Kraft gestanden? warum hat es danach diese Kraft eingebüsst? Die Antwort zu geben kommt der Ästhetik, oder, deutlicher gesprochen, der Psychologie zu. Nun ist gewiss schon die Tradition als solche ein starker psychischer Faktor, ja es wird nicht vieles geben, was ihr geheimnisvoll mächtiges Wirken in den menschlichen Dingen uns mit gleichüberzeugender Kraft *ad oculos* demonstrierte, wie hier die Geschichte der Triangulation. Ebenso gewiss aber hat die Tradition dabei nicht alles gethan. Es müssen bestimmte, selbständig sich erneuernde Urteile gewesen sein, welche fort und fort die Überzeugung vom inneren Werte der Regel lebendig erhielten: dieselben Urteile wahrscheinlich, die sie zum erstenmal ins Leben gerufen hatten. Seien mir hier ein paar schlichte Bemerkungen, anknüpfend an den historischen Leitfaden, erlaubt.

Mir scheint vorab dieses wichtig: dass die triangulatorische Proportion sich am frühesten an Centralbauten einfachster Art zeigt, dass ihre Fortbildungen (Verdoppelung des Dreiecks u. s. w.) wiederum zuerst durch Bedürfnisse des Centralbaues hervorgerufen werden, dass sie sich im Centralbau, nachdem die anderen Arten der Anwendung vergessen sind, am längsten erhält (Byzantiner und Karolinger), dass sie im Centralbau ihre letzte Verjüngung erlebt (Renaissance). Die centralen Anlagen haben vor den longitudinalen das voraus, dass ihre wirklichen (geometrischen) Verhältnisse von optischen Verschiebungen am wenigsten betroffen werden, oder anders ausgedrückt: dass bei ihnen das perspektivische Bild dem geometrischen Schnitt immer nahe bleibt. Es begreift sich, dass beim Anblick der Urformen des Centralbaues, des Tumulus und der Pyramide, die Beziehung zum Dreieck früh erkannt werden konnte. War diese Abstraktion einmal vollzogen, dann musste man die verschiedenen Arten des Dreiecks miteinander vergleichen und sich für eine als die wohlgefälligste, ausdrucksvollste entscheiden. Offenbar nun nimmt im Geschlechte der (hier allein in Betracht kommenden) gleichschenkeligen Dreiecke das gleichseitige eine aus der unbegrenzten Menge sonstiger Möglichkeiten sich scharf heraushebende Stellung ein; eine ähnliche, wie gegenüber den Rechtecken das Quadrat, gegenüber den Ellipsen der Kreis. Es teilt den Kreis in drei gleiche Teile, sein Schwerpunkt fällt zusammen mit dem Centrum sowohl des umgeschriebenen als des eingeschriebenen Kreises, man kann es umstürzen und immer wird der aus der Spitze gefällte Perpendikel wieder auf die Mitte der Basis zeigen. Deshalb ist das gleichseitige Dreieck unter allen dasjenige, das mit den Qualitäten der Festigkeit, des Gleichgewichtes, der unveränderlichen Ruhe in sich selbst am nächsten associiert ist. Insofern nun gerade diese ästhetisch auszudrücken das besondere Wesen des Centralbaus ist,

ist das gleichseitige Dreieck sozusagen der geborene Querschnitt für ihn.

Jahrhundertelange Gewöhnung an Architekturbilder dieser Art zeitigte dann die Vorstellung, dass auch abstrahiert von der Gestalt des Dreiecks das darin enthaltene Verhältnis von Höhe und Breite als solches schön sei. Hieraus ergeben sich die beiden Folgerungen, die wir kennen gelernt haben: die Übertragung auf rechteckige Flächen und die zusammengesetzten Bildungen aus mehreren bald über-, bald nebeneinander gesetzten Dreiecken. Wobei besonders merkwürdig ist, dass zwei weit voneinander entfernte Kunstepochen unabhängig hierauf verfallen sind, die hellenistische und die gotische. Endlich eine dritte Wendung desselben Gedankens war es, wenn nur die Kernmasse des Bauwerks in das normative Dreieck eingeschlossen, dagegen Anlauf und Auslauf (Sockel und Plinthe einerseits, Kranzgesimse und Attika andererseits) als freier Überschuss behandelt wurden. Zweifellos hätten die Architekten sich diese Norm nicht auferlegt ohne die zuversichtliche Voraussetzung, dass die Beschauer auch noch aus solchen Verwickelungen und Verhüllungen die Grundproportion herausfühlen würden. Dass ein einzelner Künstler in solchen Dingen sich Illusionen hingeben kann, ist möglich, ganz unwahrscheinlich aber, dass ganze Generationsfolgen es thun sollten. Wie das musikalische Ohr des Griechen nach bestimmter Richtung feinfühliger war, als das unsrige, so wird es auch das griechische Auge gewesen sein; man denke nur vergleichsweise an die Curvatur der Horizontalen.

Eine wichtige Eigenschaft des von mir gefundenen Gesetzes sehe ich weiter in seiner Tendenz, unter Umständen mit einem anderen, nämlich dem von A. Thiersch nachgewiesenen, in fruchtbare Wechselbeziehung zu treten, d. h. die Triangulation wurde das einfache Mittel, um die geometrische Ähnlichkeit der Teile mit dem Ganzen, des Kleineren mit dem Grösseren, zur Durchführung zu bringen. Einleuchtende Beispiele dafür sind das Grabmal der Plautier (Fig. 21), das Mausoleum zu Halikarnass (Fig. 22), der Turm der Winde (Fig. 26), das Heroon zu Agrigent (Fig. 29), die Sophienkirche in Konstantinopel (Fig. 81, 82), die Heilige Grabkirche in Jerusalem (Fig. 6, Fig. 20), die Porta nigra in Trier (Fig. 67), viele Triumphbogen u. s. w. So werden auch Äusseres und Inneres, also Bauteile, die nicht gleichzeitig, sondern nur nacheinander gesehen werden, doch in Übereinstimmung gebracht; wie an Fig. 7 und Fig. 30. So ist am Pantheon die Breite der Vorhalle (in dem Querschnitt Fig. 1 mit *CD* eingetragen) in der Weise bestimmt, dass sie mit der Höhe des Hauptgesimses *E* ein gleichseitiges Dreieck bildet; nach derselben Formel die Vorhalle der Minerva Medica (Fig. 5). Eine Ähnlichkeit freierer Art trat ein, wenn von der zu vergleichenden Fläche die eine durch ein Dreieck, die andere durch zwei normiert war, wie im Verhältnis von Fig. 34 zu Fig. 35 und in allen Tempeln und Triumphbogen mit doppelt triangulierten Portalen, wie in Fig. 58, 59 u. s. w.

Durchaus ähnlich verfuhr die klassische Gotik, verfuhren Brunelleschi, Bramante, Michelangelo.

Im Zusammenhang damit steht das Bestreben, die wichtigeren Schneidungspunkte der wagerechten und senkrechten Teilungslinien so zu legen, dass sie auf die Seitenlinie des normativen Dreiecks fallen. Von zahlreichen Beispielen hier nur einige: in Fig. 16 schneidet die Dreiecksseite die Arkadenbogen; ebenso in Fig. 17 bei a' und b' und noch einmal bei d und e; in Fig. 74 zuerst die Basis der einen, dann die Kapitellsoberkante der anderen Säule; ebenso in Fig. 75; in Fig. 81 beachte man den Verlauf der parallel mit *AC* gezogenen Linie *DG*; in Fig. 84 den Schneidungspunkt *C*; in Fig. 90 die Schneidung der Balustrade; in Fig. 91 erst die Kapitelle der äusseren unteren Säulenreihe, dann die Kapitelle der Emporen; in Fig. 103 erst die obere Ecke des Seitenportals, dann die Gesimsverkröpfung zwischen erstem und zweitem Geschoss und ähnlich Fig. 104 und 105. — Man erkennt jetzt, dass gar viele Teilungen und Intervalle, die man bis dahin als dem freien Ermessen anheimgegeben ansah, vielmehr in genauer Anpassung aus der Grundbedingung entwickelt sind, so dass gleichsam deren Echo das ganze Gebäude erfüllt. Vielleicht hatte eben dieses Kompositionsgesetz L. B. Alberti im Auge bei seiner Forderung: *omnia ad certos angulos paribus lineis adaequanda*. Zu erinnern wäre hier auch an Albertis Vergleich (oft fälschlich Fr. Schlegel als Urheber zugeschrieben) der architektonischen und musikalischen Verhältnisse. Das gleichseitige Dreieck gibt gleichsam die Tonart an.

Mancher wird sich vielleicht daran stossen, dass bei Vitruv mit keiner Silbe von der Triangulation die Rede ist und dass auch sonst keine einzige litterarische Nachricht sich über sie erhalten hat. Was daraus folgt, ist doch nichts anderes, als das leider genügsam schon bekannte: wie sehr doch all unser überliefertes Wissen von der Antike nur Bruchstück ist! Eher könnte es vielleicht gelingen, bei den Mathematikern und Philosophen Anklänge zu finden. Leider bin ich auf diesem Gebiete so wenig zu Haus, dass ich an eigene Nachforschungen nicht habe denken können. Sei mir immerhin erlaubt, an eine Lehre Platos, auf die ich beim Blättern in Zellers Geschichte der griechischen Philosophie gestossen bin, zu erinnern. Plato hält nicht unteilbare Körper, sondern unteilbare Flächen für die letzten Bestandteile des Körperlichen. Und zwar giebt er den Elementen die Form eines rechtwinkeligen Dreiecks, dessen kleinere Kathete halb so gross ist als die Hypotenuse, so dass aus der Zusammensetzung von sechsen derselben ein gleichseitiges Dreieck entsteht. Vielleicht ist er dabei von den Pythagoreern beeinflusst, welche das gleichseitige Dreieck wegen seiner dreifachen Halbierung durch Perpendikel — bei welcher Operation eben jene sechs rechtwinkeligen Dreiecke zustande kommen — besonders schätzten. Denn bei Zusammenstellung in anderer Lage (nach der grösseren Kathete) würden zur Gewinnung des gleichseitigen Dreiecks schon zwei Elementardreiecke genügen. Vom Standpunkte Platos wird man also sagen dürfen: die Triangulation sei die bestgewählte Norm der Baukunst, weil sie das einfachste Phänomen der Entstehung des Körperlichen aus den Elementen darstelle. Sicher wäre eine solche oder ähnliche spekulative Rechtfertigung des uralten Brauches ganz im Sinne der Griechen gewesen.

Aber nun unsere heutigen Architekten, wie würden sie über die Triangulation urteilen? Ich zweifele keinen Augenblick: sie würden, im ersten Augenblick wenigstens ohne Besinnen, sie für wertlos, ja, insofern sie beschränkt, für schädlich erklären. Beweis: ihre eigenen nicht triangulierten und doch so wohlgeratenen Werke. Dagegen wäre zweierlei zu erwidern. Erstens ist es eine offene Frage, ob unser modernes Auge, worauf ich schon hindeutete, eine ebenso empfindliche Wage für Proportionswerte ist, wie das Auge der Griechen. Zweitens steht auch die moderne Baukunst, wenn schon unbewusst, doch thatsächlich noch immer stark im Banne der Triangulation. Denn die Muster der Vergangenheit, aus deren Anschauung sie ihr Bestes schöpft, waren trianguliert.

Die Gegenwart liebt es, die Existenz des Schönen, als einer objektiven Norm, zu verneinen; an seine Stelle setzt sie das souveräne

„künstlerische Temperament", welches in jedem neuen Fall sich selbst das Gesetz neu zu geben hätte. Unsere Untersuchung hat dieser Lehre eine sie ausschliessende Thatsache gegenübergestellt. In einer auf dritthalbtausend Jahre sich erstreckenden Reihe von Bauwerken, die einen grossen Teil von dem umfassen, was nach dem *consensus gentium* das beste ist, hat sie immer dieselbe, mathematisch bestimmt ausdrückbare Hauptproportion wiederkehrend gezeigt. Werden wir angesichts dessen mit dem Schlusse zögern dürfen, dass in der Anlage des menschlichen Geistes etwas sein muss, was zu solcher Wiederkehr genötigt hat?

„Das ist nicht zusammengebettelt,
Das ist von Ewigkeit angezettelt."

— 1 —

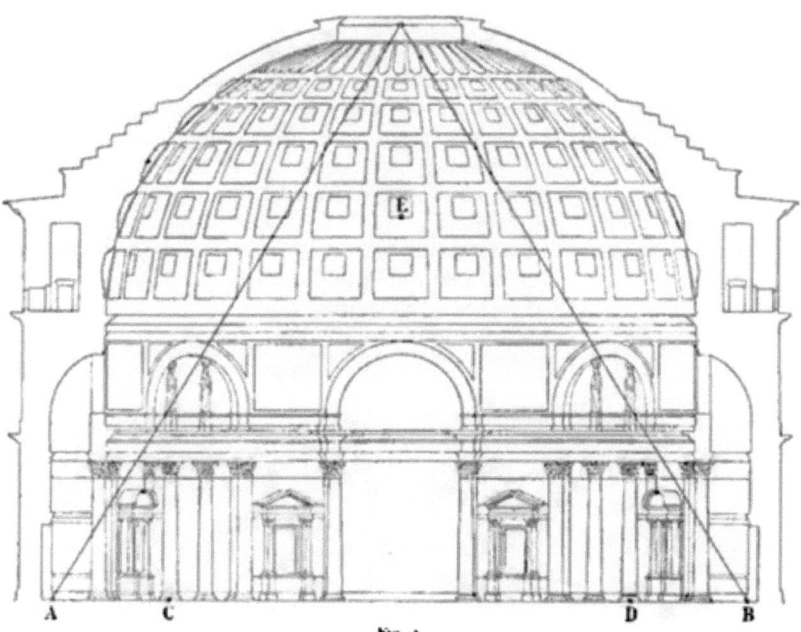

Fig. 1.
Pantheon zu Rom. Querschnitt (Desgodetz).

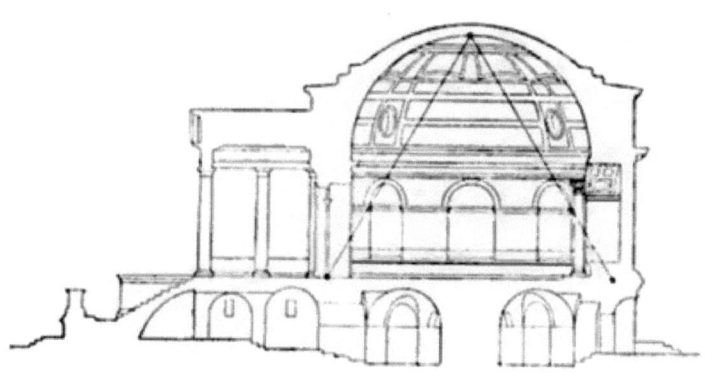

Fig. 2.
Torre de' Schiavi in der römischen Campagna (Isabelle).

— II —

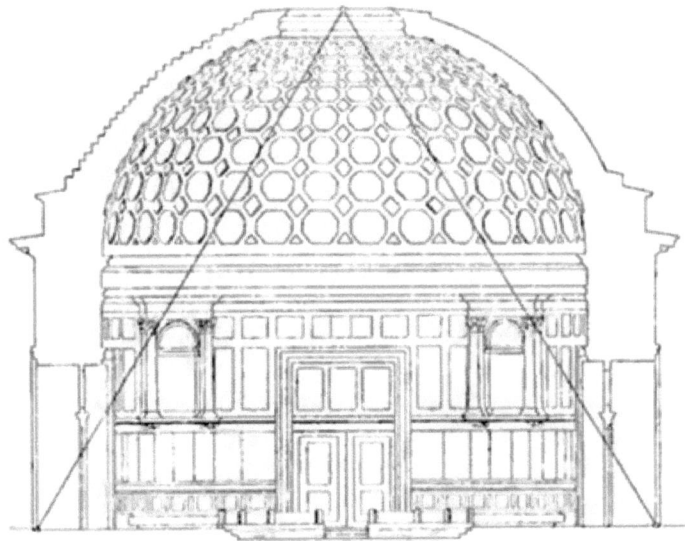

Fig. 3.
Rotunde in den Diocletiansthermen zu Rom (Isabelle).

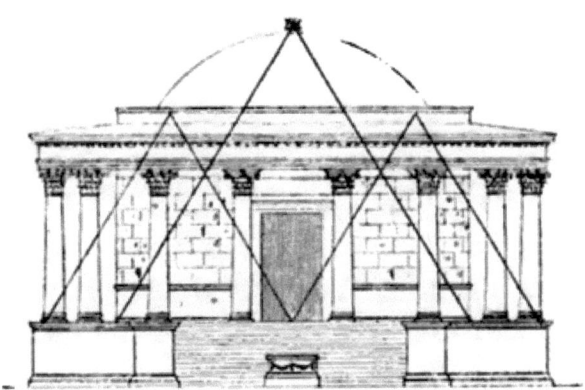

Fig. 4.
Portumnustempel in Ostia (Texier).

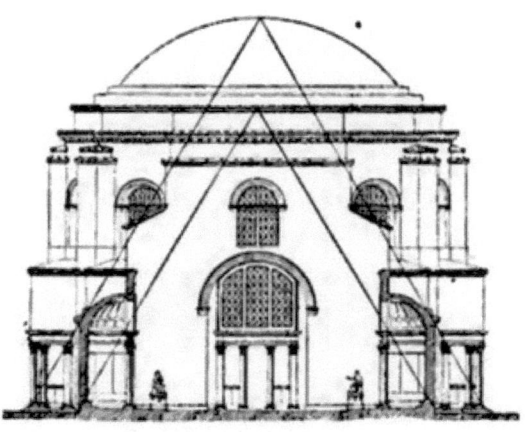

Fig. 5.
Minerva Medica in Rom (Isabelle).

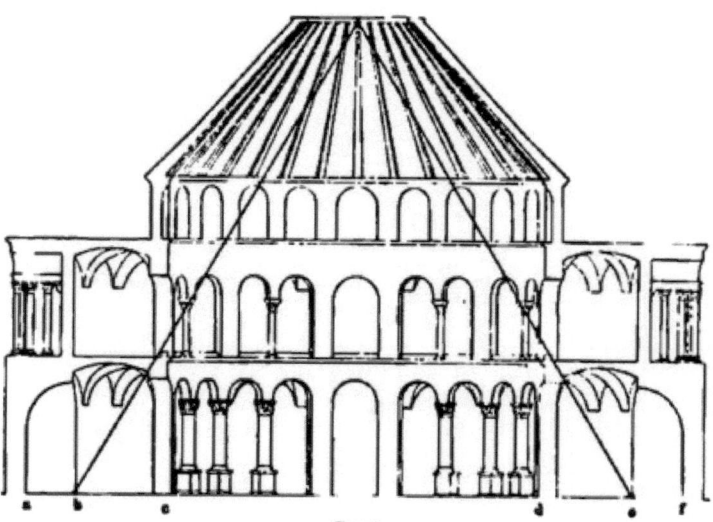

Fig. 6.
Heilige Grabkirche in Jerusalem (de Vogüé).

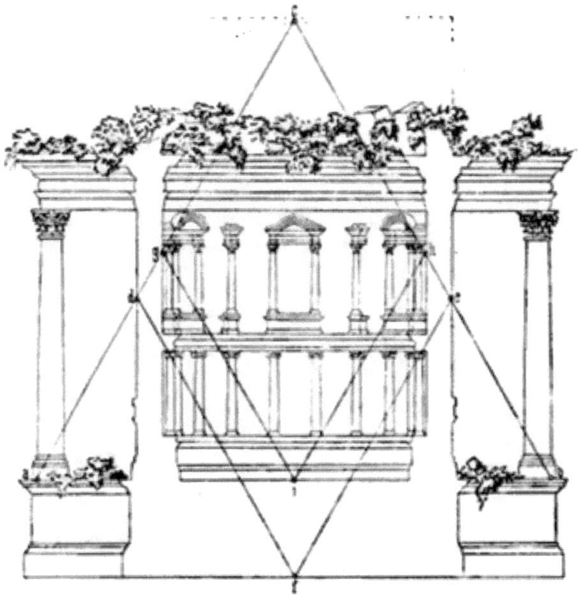

— IV —

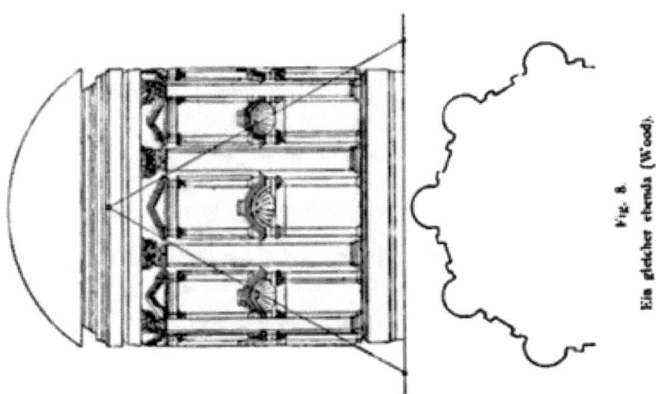

Fig. 7.
Rundbau in Heliopolis (Wood).

Fig. 8.
Ein gleicher ebenda (Wood).

— V —

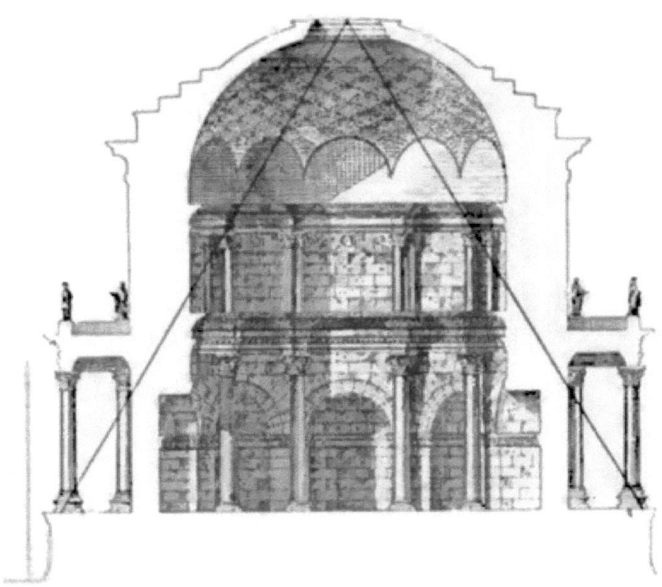

Fig. 9.
Jupitertempel in Spalato (Dehio und v. Bezold).

Fig. 10. Fig. 11.
Vestatempel in Tivoli (Isabelle). Rundbau bei der Basilika in Pergamon (Texier).

VI

Fig. 12.
Grabkirche der Galla Placidia in Ravenna
(Hübsch).

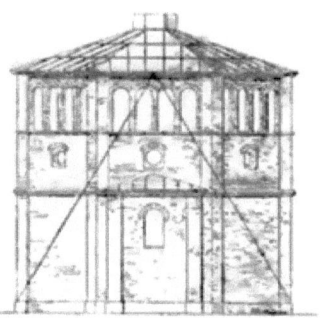

Fig. 13.
S. Aquilino in Mailand (Hübsch).

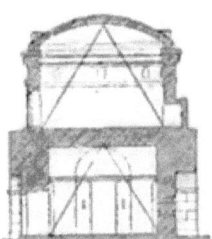

Fig. 14.
Grabkirche des Theodorich in Ravenna (Isabelle).

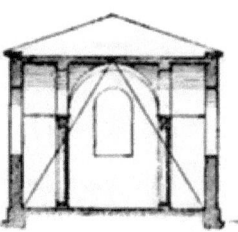

Fig. 15.
S. Ippolito in Mailand (Hübsch).

— VII

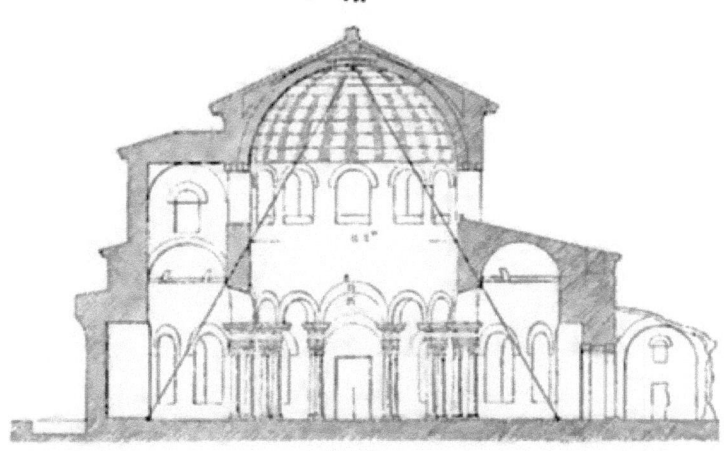

Fig. 16.
Sta. Costanza in Rom (Isabelle).

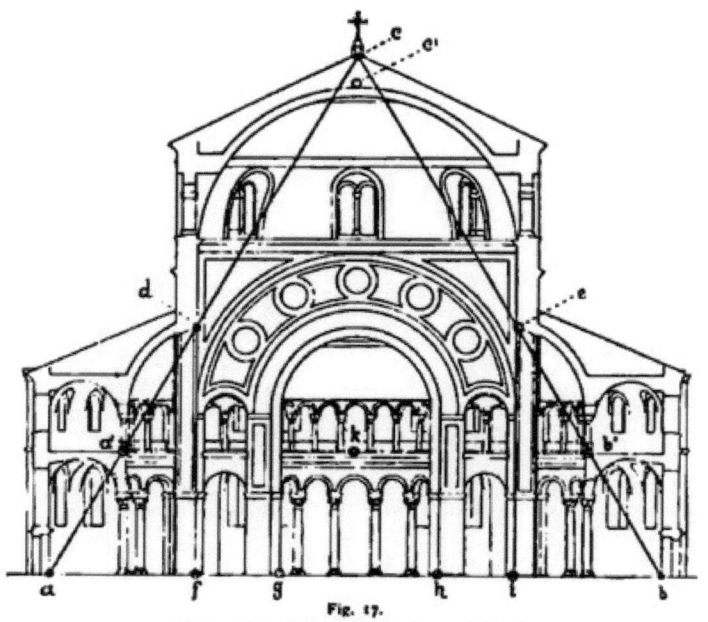

Fig. 17.
S. Lorenzo in Mailand (Restauration von Kohte).

— VIII —

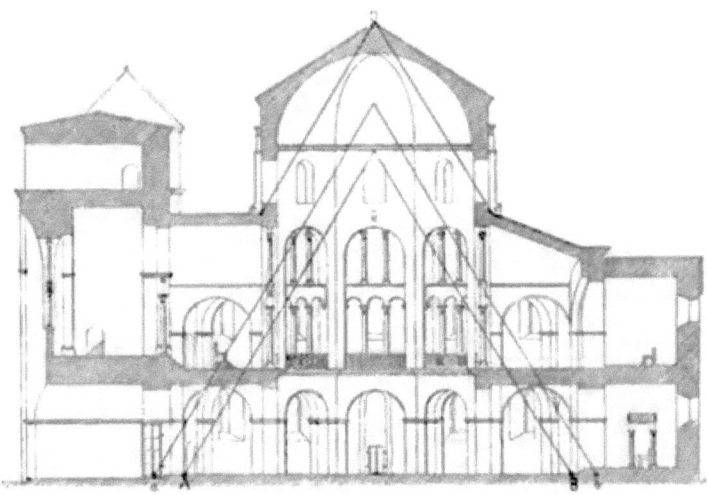

Fig. 18.
Pfalzkirche Karls des Grossen in Aachen (Berliner Baudenkmäler).

Fig. 19.
Kirche in Ottmarsheim (Isabelle).

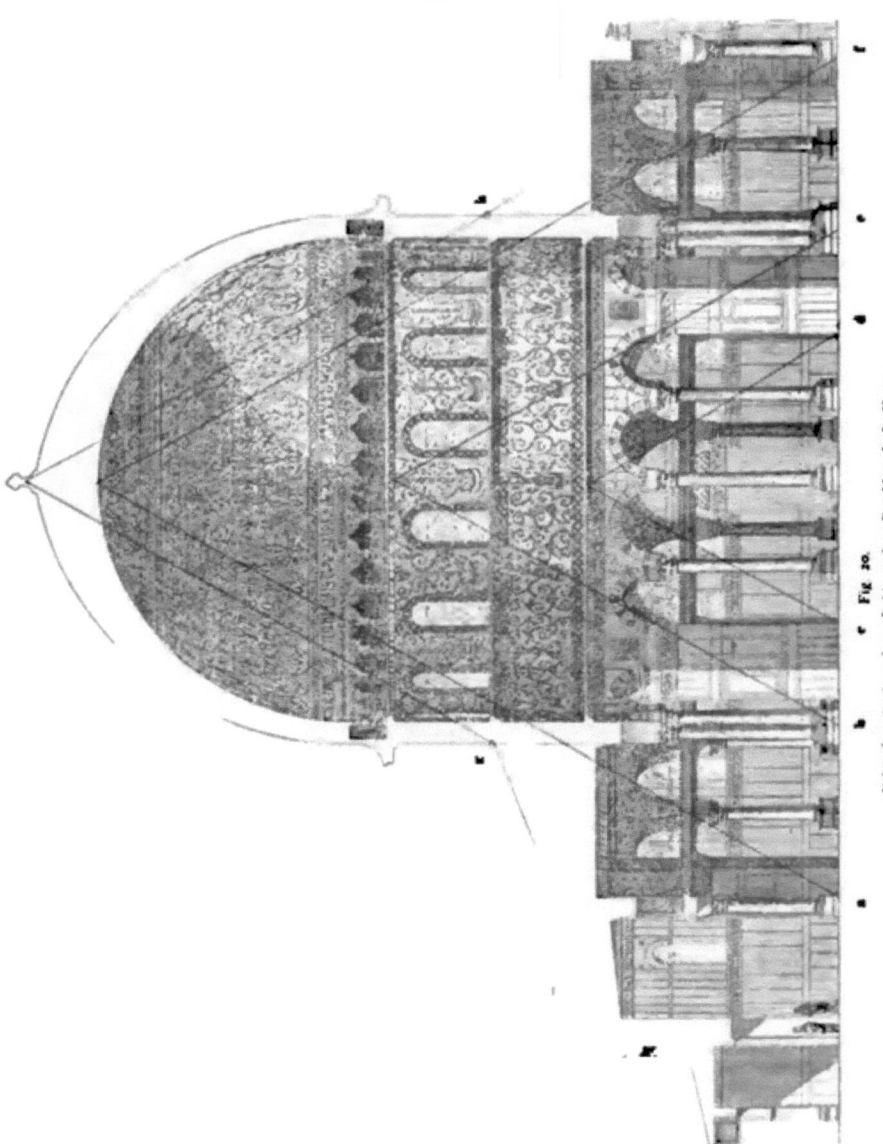

Fig. 20. Felsendom in Jerusalem (Dehio und v. Bezold nach de Vogüé).

— X —

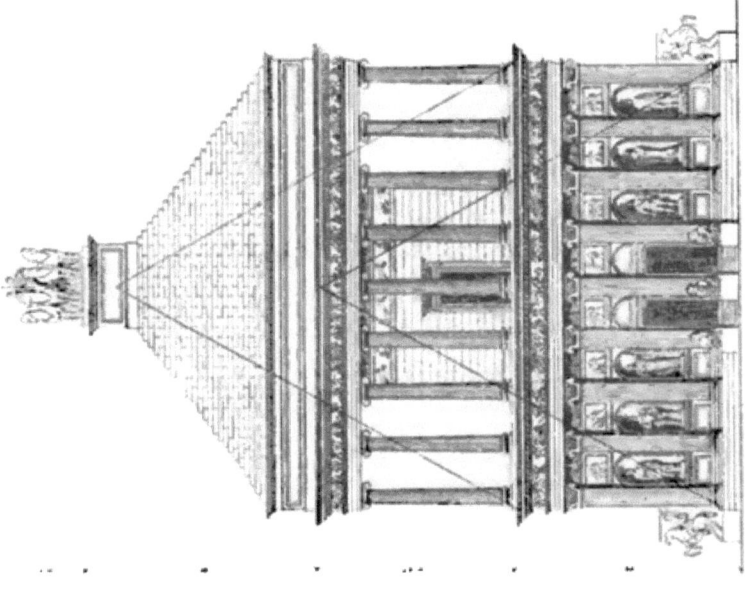

Fig. 22. Grabmal des Mausolos in Halikarnass (Restauration von Petersen).

Fig. 21. Grabmal der Plautier bei Tivoli (Canina).

— XI —

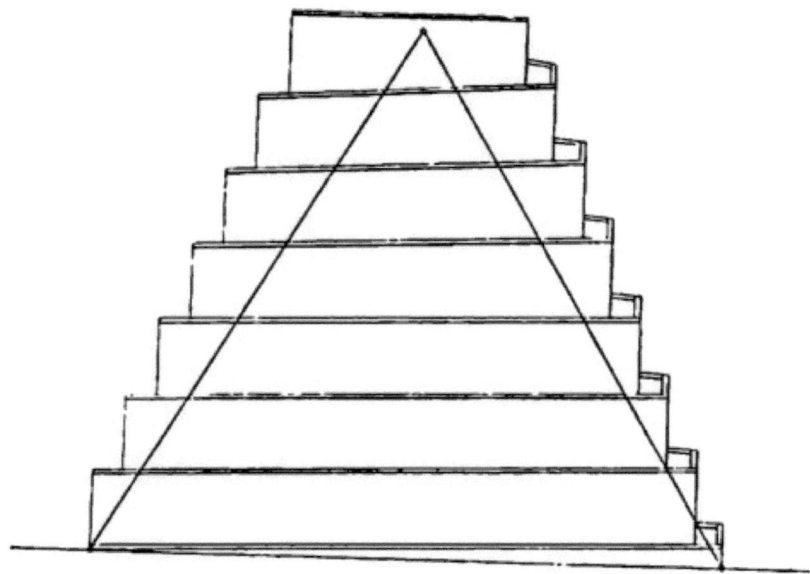

Fig. 23.
Stufenpyramide in Ninive (Place und Thomas).

Fig. 24.
Grabmal des Tantalos in Phrygien (Chipiez nach Texier).

Fig. 25.
Schatzhaus des Atreus in Mykene (Thiersch).

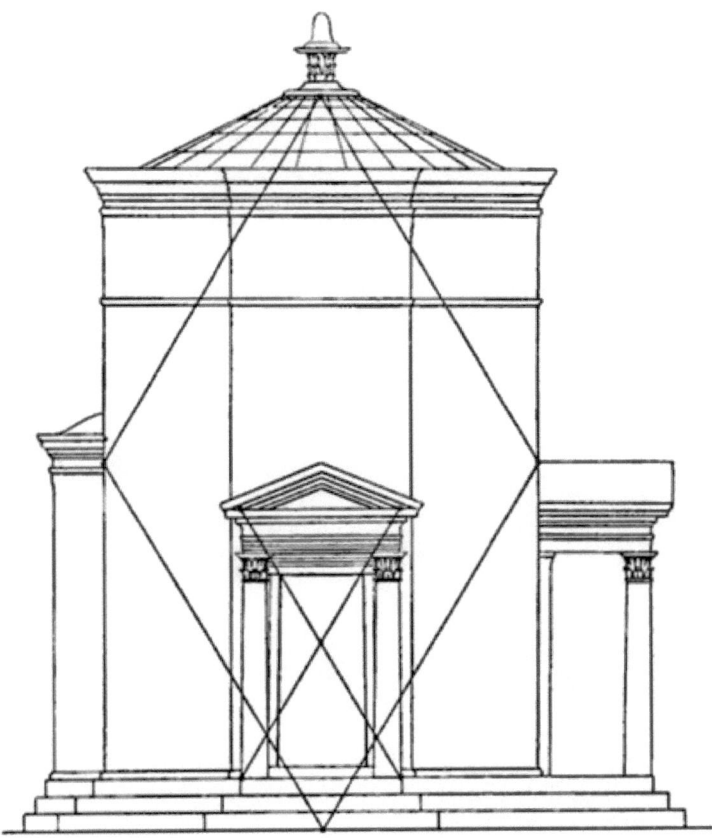

Fig. 16.
Turm der Winde in Athen (Stuart und Revett).

— XIII —

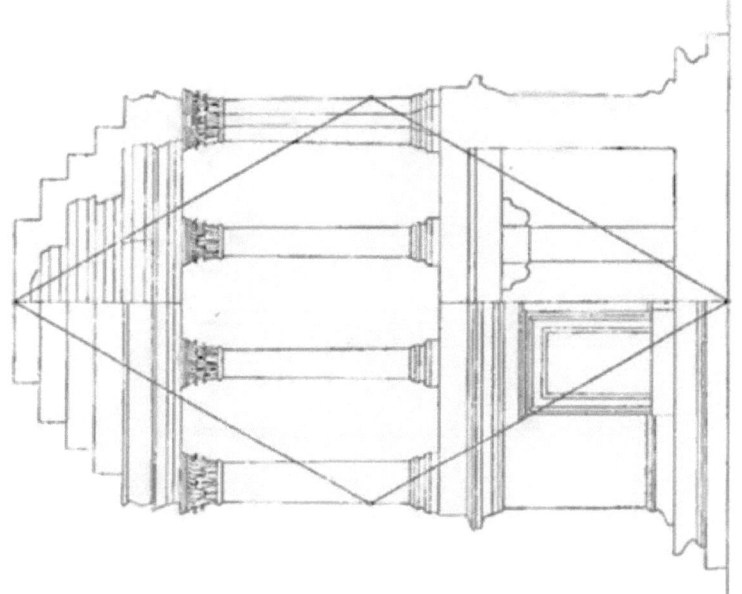

Fig. 28.
Grabmal zu Mylassa (Antiquities of Jonia).

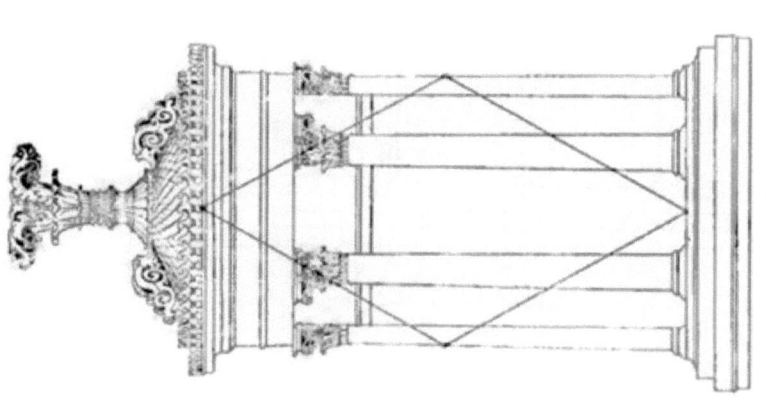

Fig. 27.
Monument des Lysikrates in Athen (Stuart und Revett).

— XIV —

Fig. 29.
Heroon des Theron zu Agrigent (Serra di Falco).

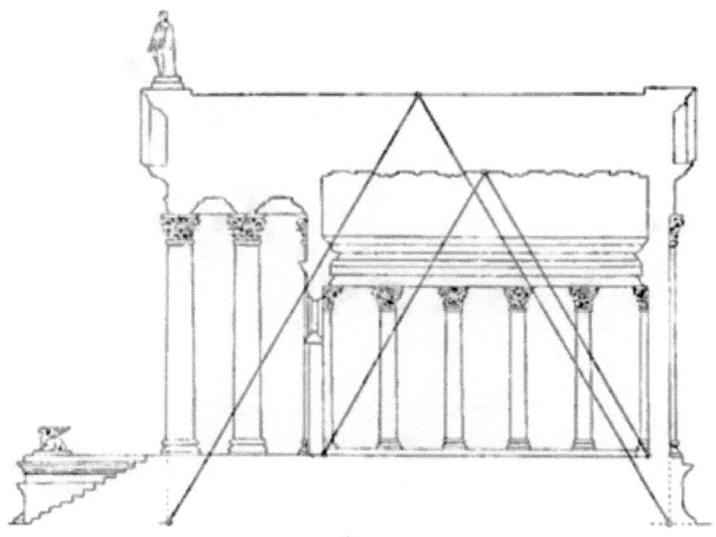

Fig. 30.
Augustustempel zu Vienne (Raguenet).

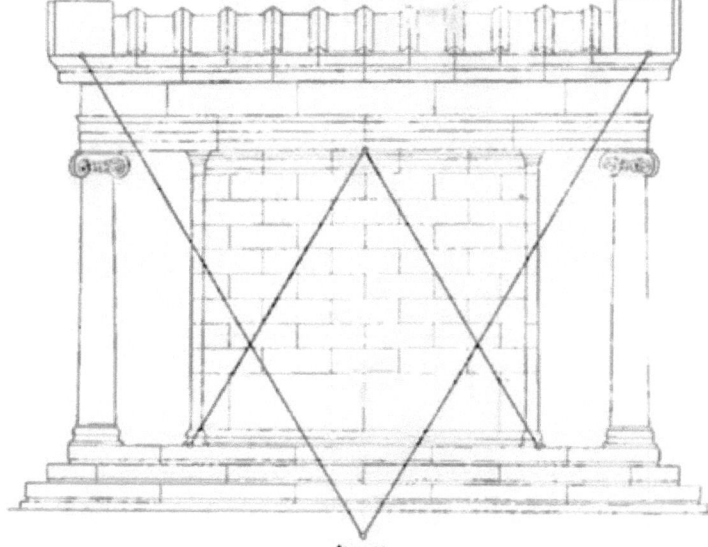

Fig. 31.
Tempel der Nike Apteros in Athen (Kusmine et Ballanti).

XVI

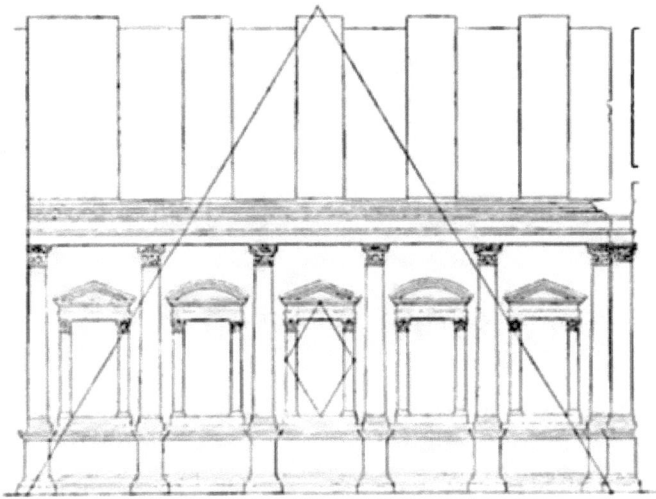

Fig. 32.
Ruins de Diane in Nîmes, Längenschnitt (Clerisseau).

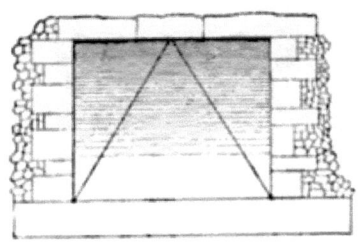

Fig. 33.
Kammer des Grabes Fig 24. Längenschnitt (Texier).

XVII

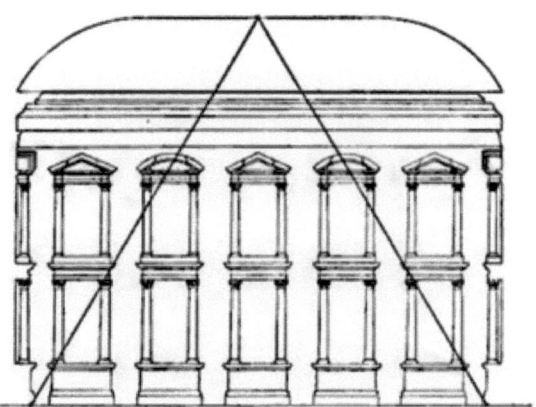

Fig. 34.
Saal in Heliopolis, Längenschnitt (Wood).

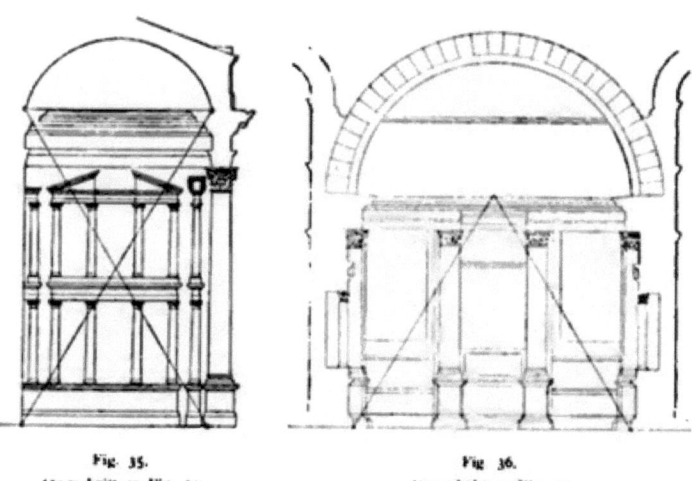

Fig. 35.
Querschnitt zu Fig. 34.

Fig. 36.
Querschnitt zu Fig. 33.

XVIII

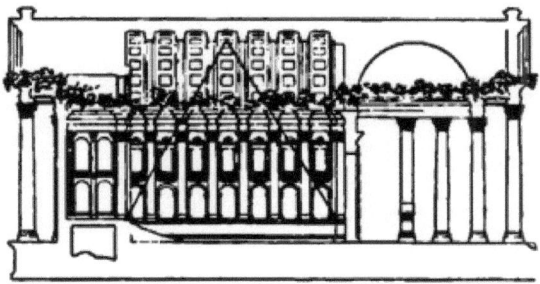

Fig. 37.
Tempel in Heliopolis (Wood).

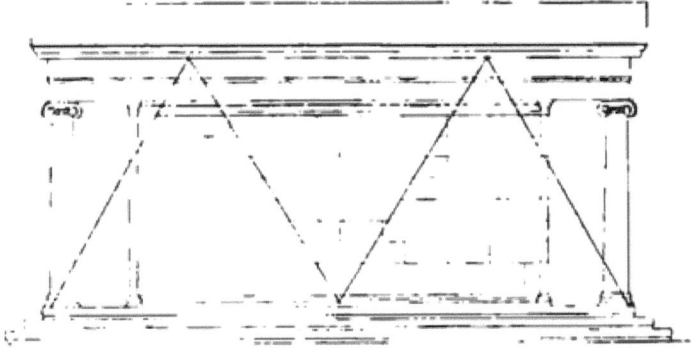

Fig. 38.
Tempel am Ilissos bei Athen (Stuart und Revett).

Fig. 39.
Columbarium der Freigelassenen des Augustus, Längsschnitt (Canina).

— XIX —

Fig. 40.
Vorhalle des Pantheon, Querschnitt (Desgodetz).

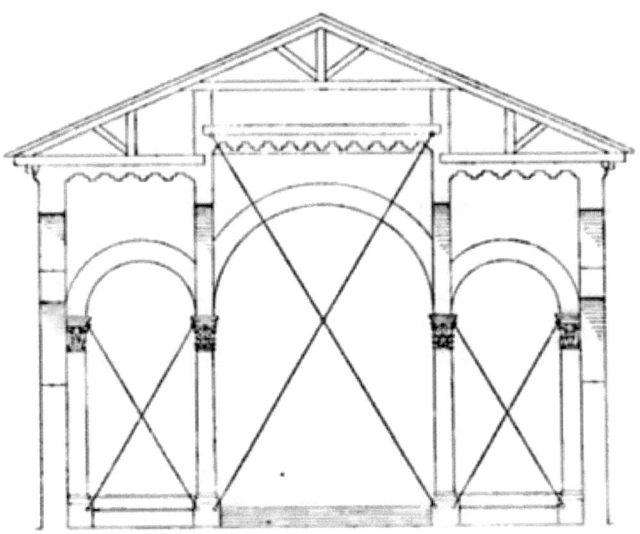

Fig. 41.
Der romische Theil des Domes zu Trier. Restauration von Wilmowsky.

XX

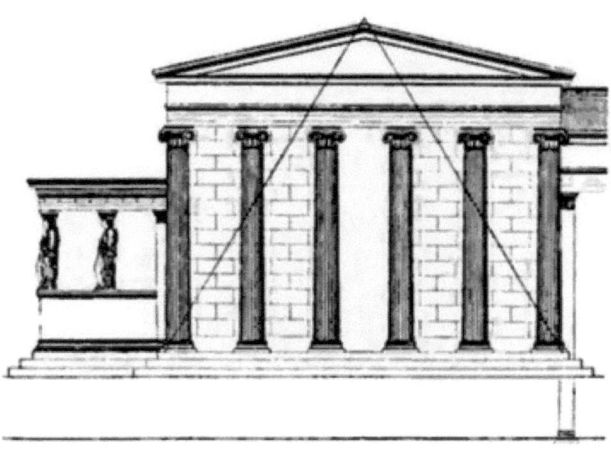

Fig. 42.
Erechtheion in Athen, Ostfront (Stuart und Revett).

Fig. 43.
Athenetempel zu Priene (Antiqu. of Jonia).

— XXI —

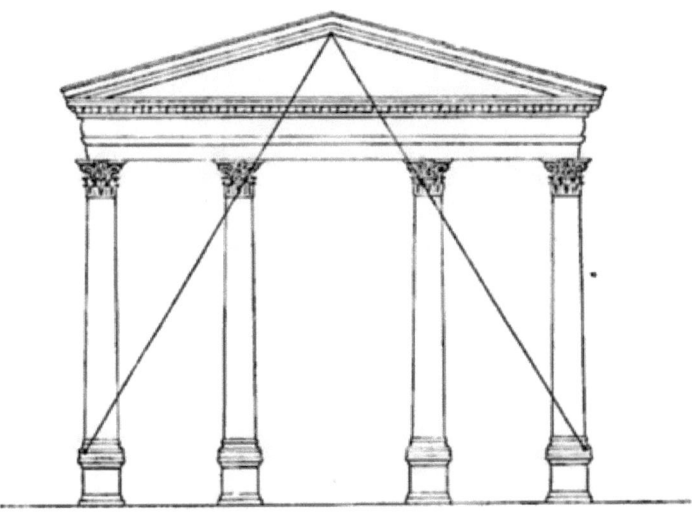

Fig. 44.
Propylon zu Aphrodisias (Antiqu. of Jonia).

Fig. 45.
Concordiatempel in Rom (Desgodetz).

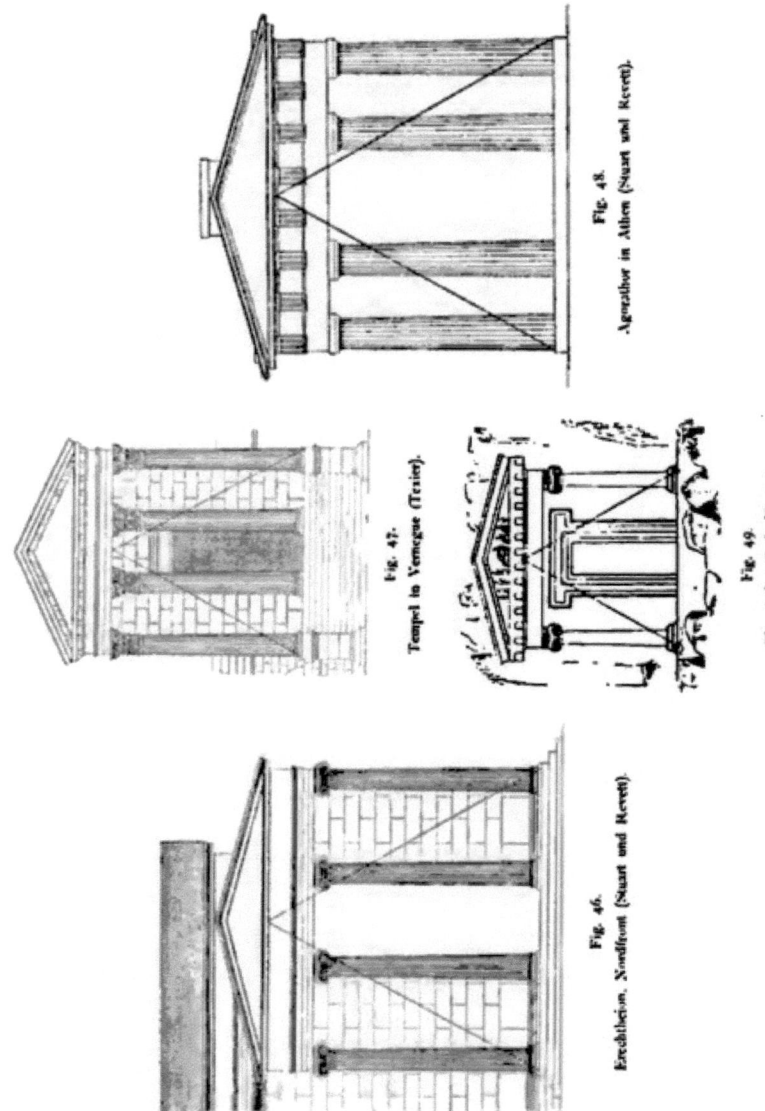

Fig. 46. Erechtheion, Nordfront (Stuart und Revett).
Fig. 47. Tempel in Venegue (Texier).
Fig. 48. Agorathor in Athen (Stuart und Revett).
Fig. 49. Phrygisches Grab (Texier).

— XXIII —

Fig. 50.
Tempel zu Teos (Antiqu. of Joola).

Fig. 51.
Sonnentempel zu Heliopolis (Wood).

XXIV

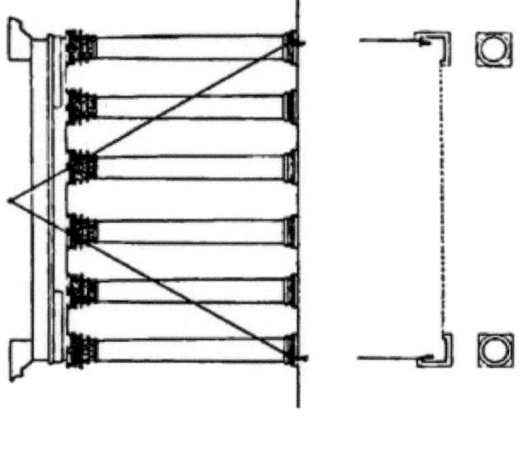

Fig. 51.
Tempel des Augustus und der Livia zu Vienne (Raguenet).

Fig. 53.
Tempel des Antoninus und der Faustina zu Rom (Desgodetz).

XXV

Fig. 54
Maison carrée zu Nîmes (Clerisseau).

Fig. 55
Römisches Grab (Antiqu. of Jonia).

XXVI

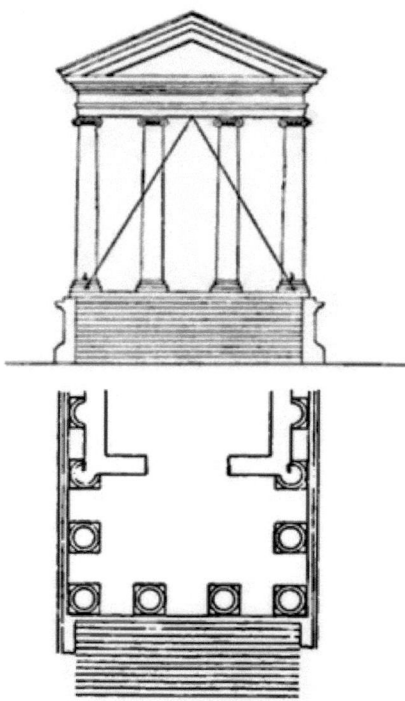

Fig. 56.
Tempel der Fortuna virilis in Rom (Desgodetz).

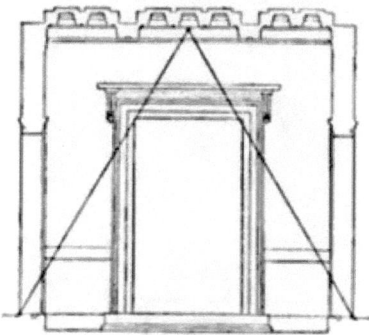

Fig. 57.
Korinthischer Tempel auf Knidos. Vorhalle (Antiquities of Jonia).

4*

XXVII

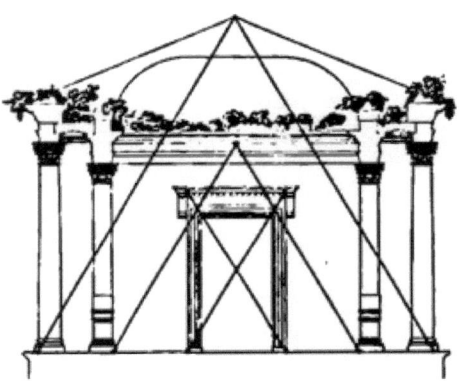

Fig. 58.
Tempel zu Heliopolis. Querschnitt (Wood).

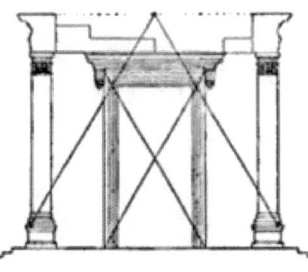

Fig. 59.
Ein gleicher, ebenda.

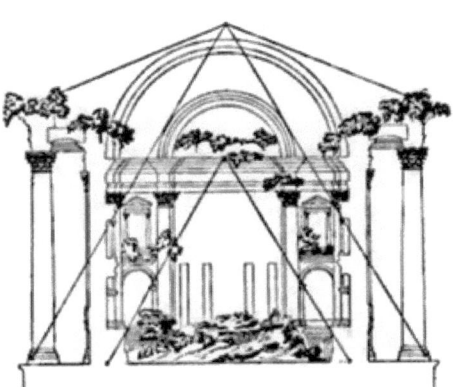

Fig. 60.
Tempel zu Heliopolis (Wood).

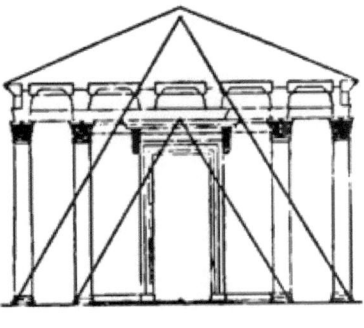

Fig. 61.
Augustustempel zu Ancyra (Antiqu. of Jonia).

XXVIII

Fig. 62.
Grabmal des Amyntas zu Telmissus (Texier).

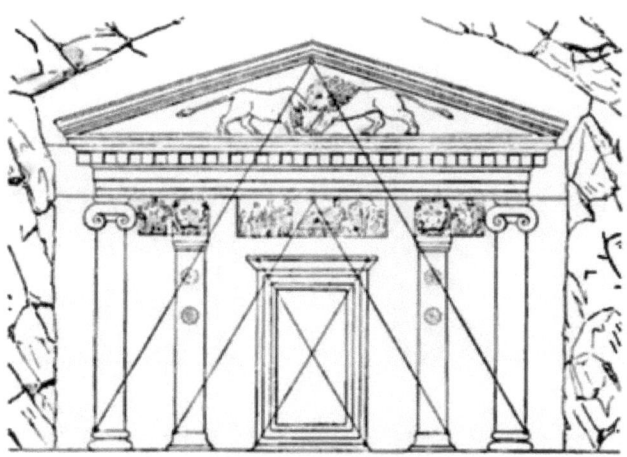

Fig. 63.
Grab zu Myra (Texier).

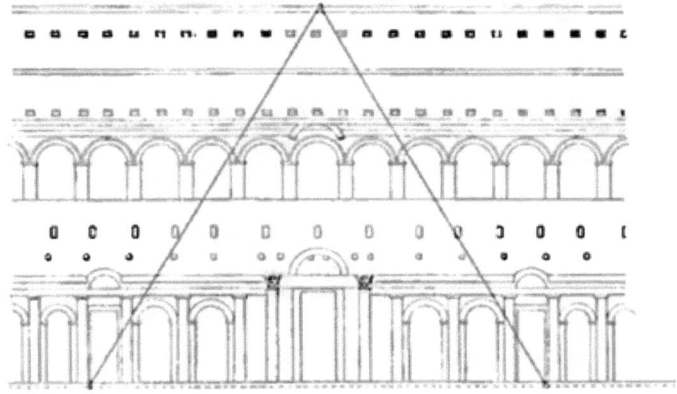

Fig. 64.
Theater in Orange (Caristie).

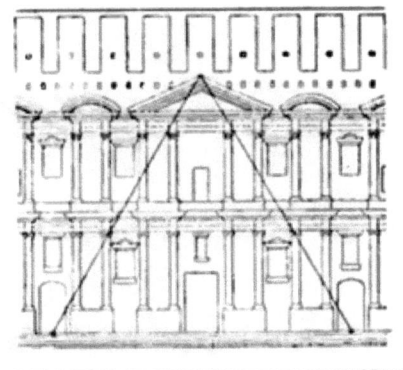

Fig. 65.
Theater in Aspendos (Texier).

— XXX —

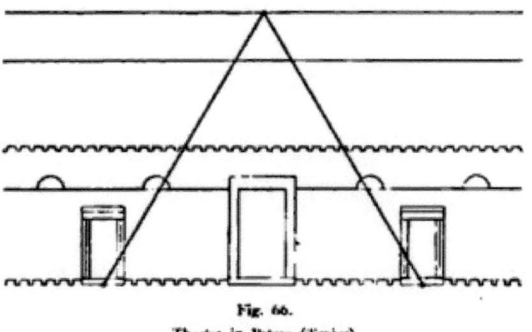

Fig. 66.
Theater in Patara (Texier).

Fig. 67.
Porta nigra in Trier (Schmidt).

XXXI

Fig. 68.
Bogen des Augustus in Aosta (Romini).

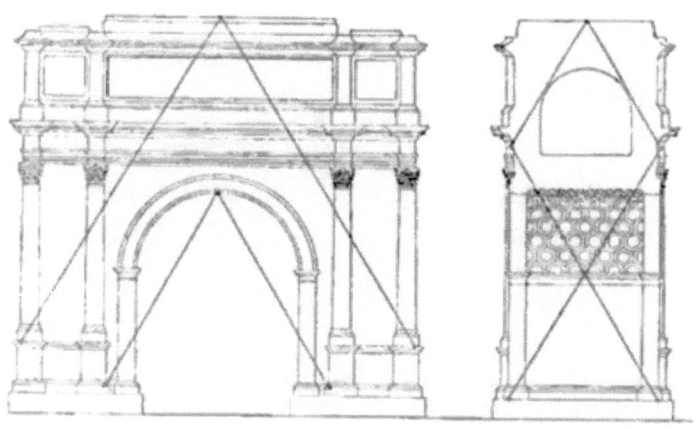

Fig. 69.
Bogen des Julius Caesar (?) zu Saint-Remy (Caristie).

Fig. 70.
Derselbe. Querschnitt.

XXXII

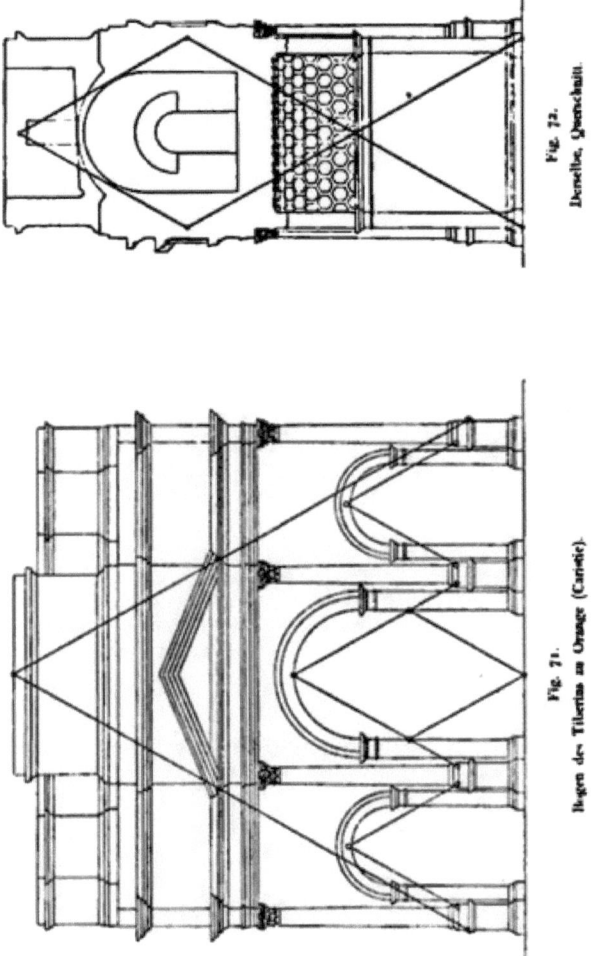

Fig. 71.
Bogen des Tiberius zu Orange (Cavetto).

Fig. 72.
Derselbe, Querschnitt.

— XXXIII —

Fig. 73.
Bogen des Septimius Severus in Rom (Rossini).

Fig. 74.
Bogen des Constantin in Rom (Rossini).

XXXIV

Fig. 75.
Bogen des Titus in Rom (Rossini).

Fig. 76.
Bogen des Trajan in Benevent (Rossini).

XXXV

Fig. 77.
Bogen der Sergier in Pola (Stuart und Revett).

Fig. 78.
Bogen des Tiberius in Saintes (Laborde).

XXXVI

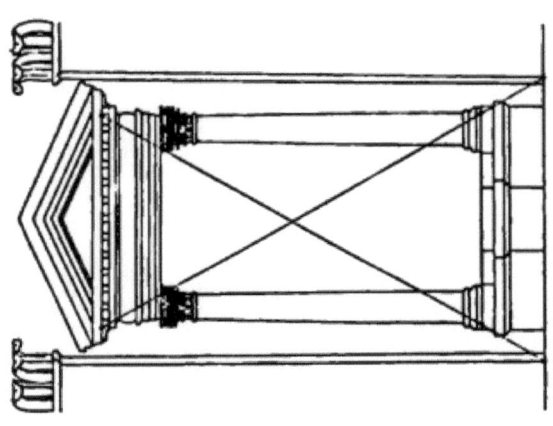

Fig. 80.
Tabernakel aus Heliopolis (Wood).

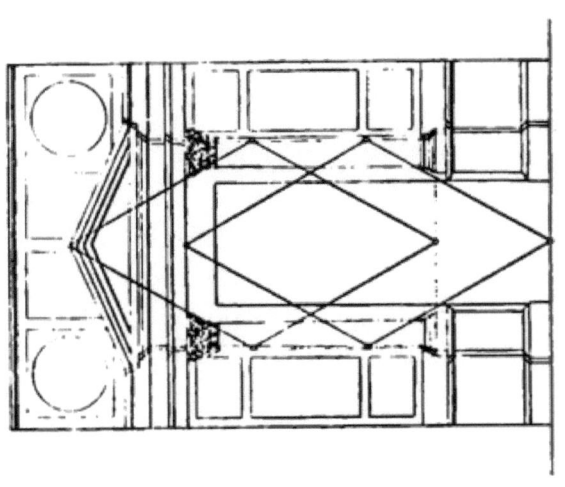

Fig. 79.
Tabernakel vom Pantheon (Desgodetz).

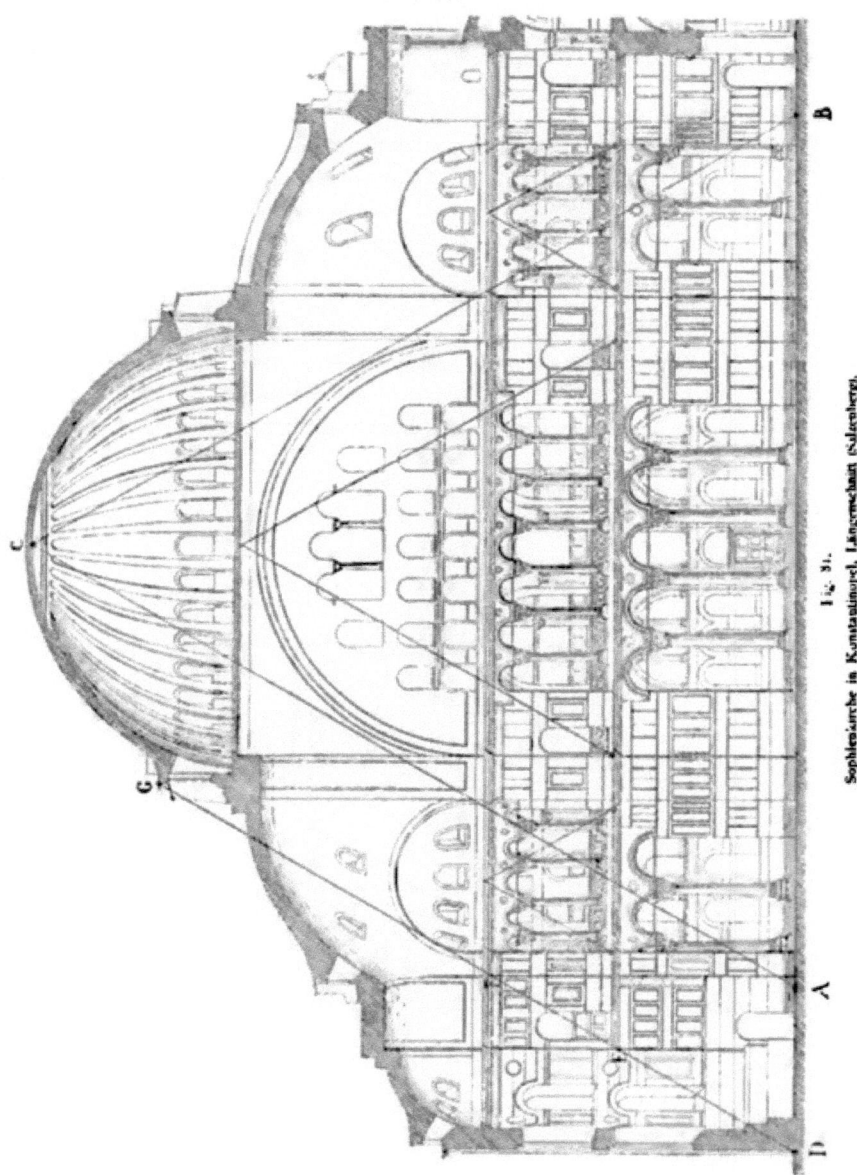

Fig. 31. Sophienkirche in Konstantinopel, Längenschnitt (Salzenberg).

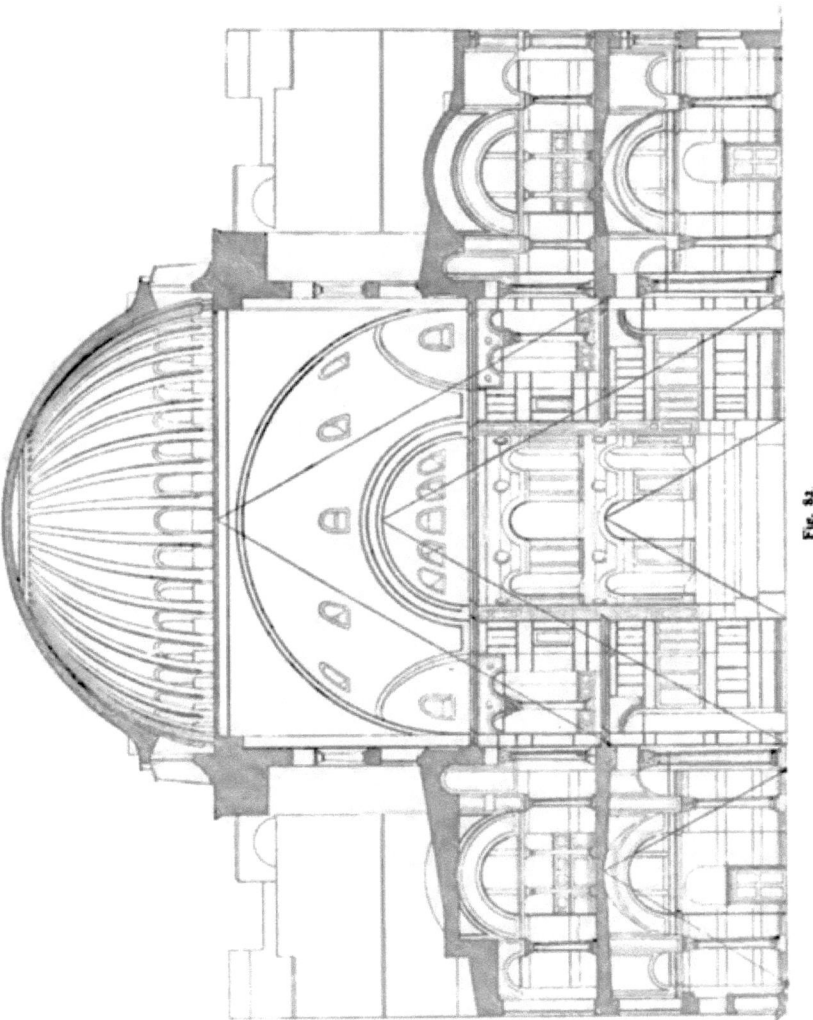

Fig. 82. Sophienkirche in Konstantinopel, Querschnitt.

— XXXIX —

Fig. 83.
Hagios Georgios in Salonichi (Texier).

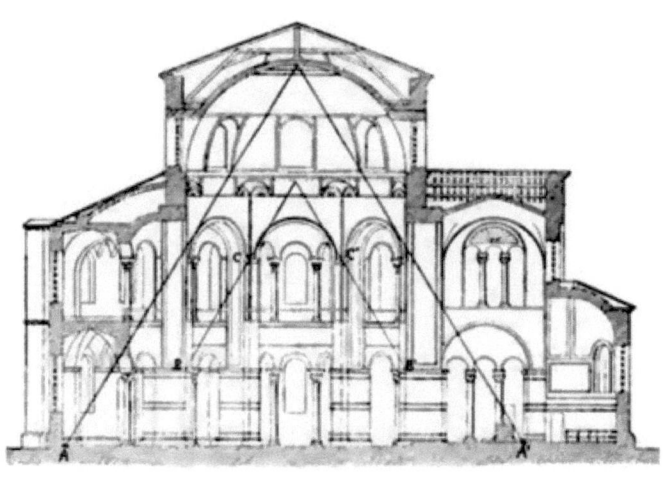

Fig. 84.
S. Vitale in Ravenna (Hübsch).

XI.

Fig. 85.
Hag. Sophia in Salonichi (Texier).

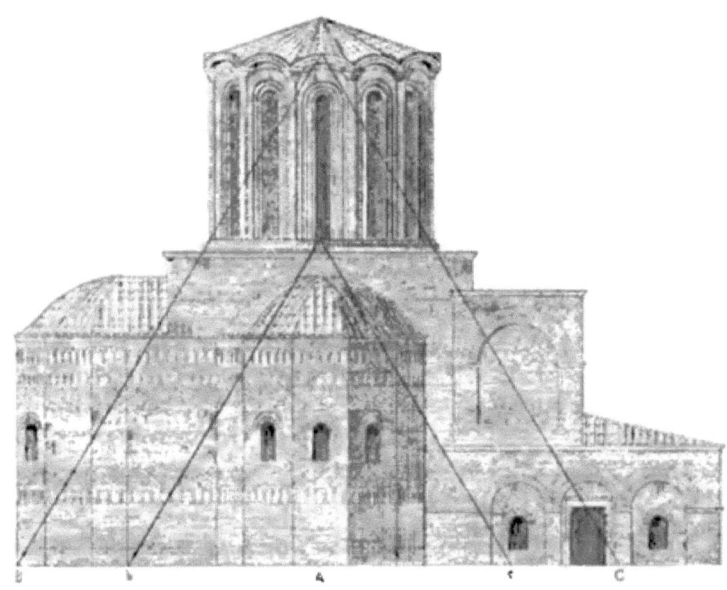

Fig. 86.
Hag. Helias in Salonichi (Texier).

— XLI —

Fig. 87.
Hag. Bardias in Salonichi (Texier).

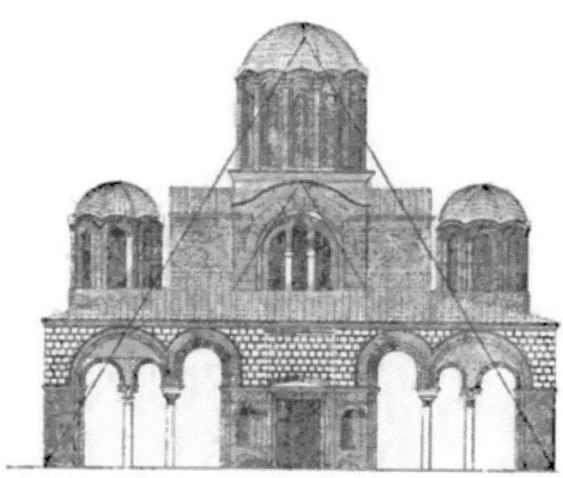

Fig. 88.
Apostelkirche in Salonichi (Texier).

— XLII —

Fig. 89.
Sophienkirche in Salonichi (Texier).

Fig. 90.
S. Marco in Venedig (Dehio und von Bezold nach Kreutz).

— XLIII —

Fig. 91.
Kathedrale zu Pisa (Dehio und v. Bezold nach Rohault de Fleury)

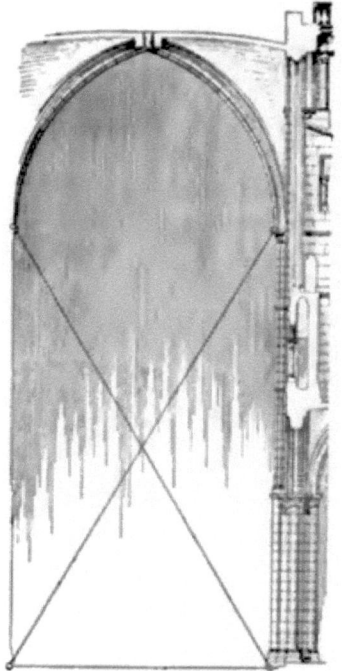
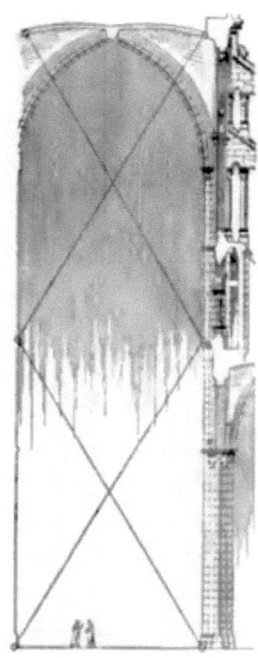

XLIV

Fig. 94.
Ausführung (Kupferstich vom Jahre 1592).

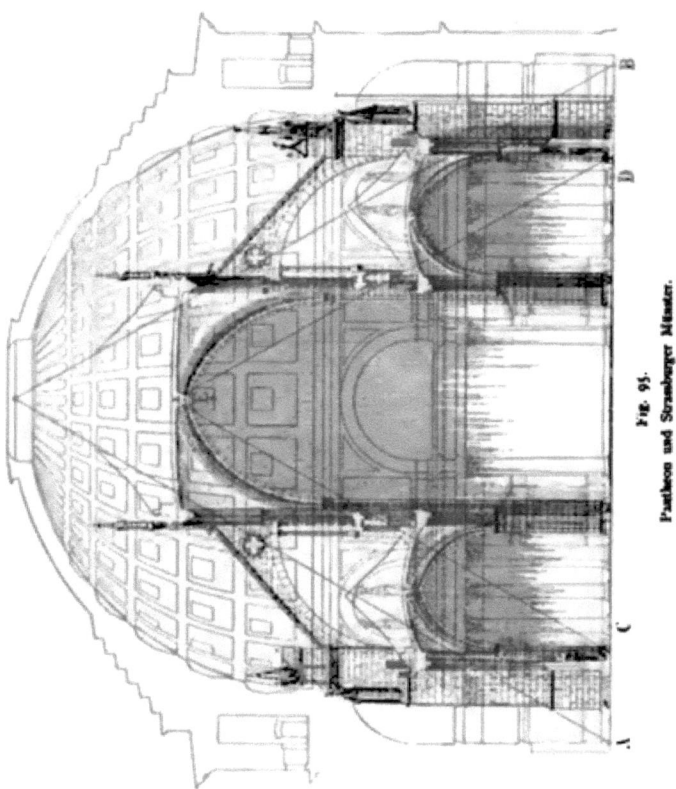

Fig. 95.
Pantheon und Strassburger Münster.

— XLVI —

Fig. 96.
Cappella Pazzi in Florenz (Nohl).

Fig. 97.
S. Andrea in Mantua.

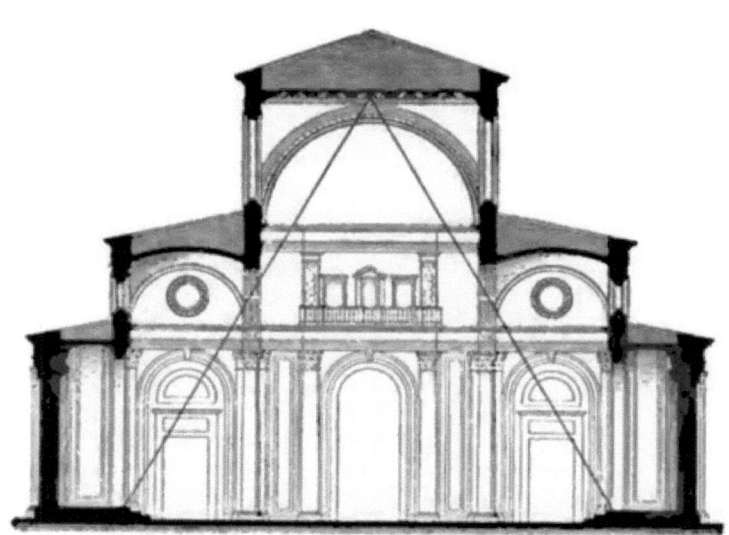

Fig. 98.
S. Lorenzo in Florenz (Laspeyres).

— LXVII —

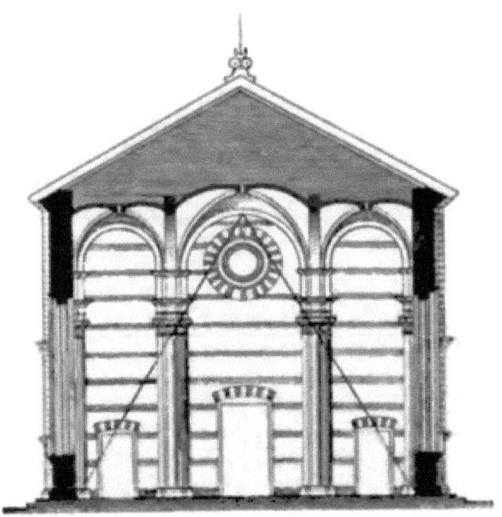

Fig. 99.
Dom von Pienza (Laspeyres).

Fig. 100.
Kirche in S. Savino (Laspeyres).

Fig. 101.
Kirche dei Servi in Siena (Laspeyres).

XLVIII

Fig. 102.
S. Francesco al Monte bei Florenz (Laspeyres)

Fig. 103.
S. Maria del Popolo in Rom (Letarouilly).

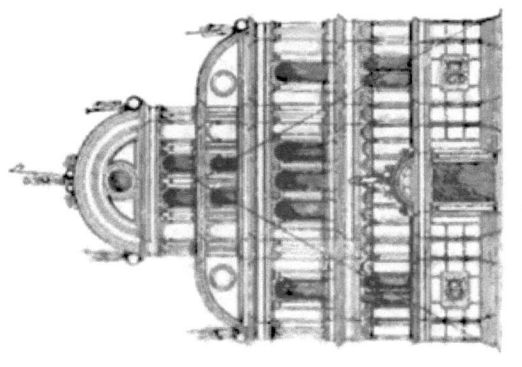

Fig. 104.
S. Zaccaria in Venedig (Cicognara).

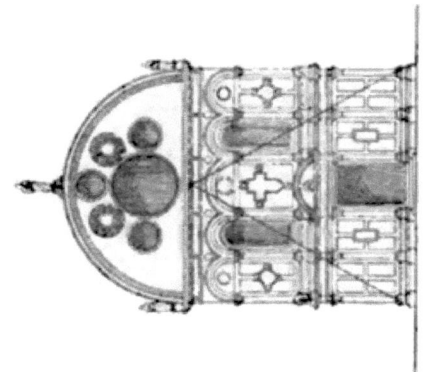

Fig. 105.
S. Maria de' Miracoli in Venedig (Cicognara).

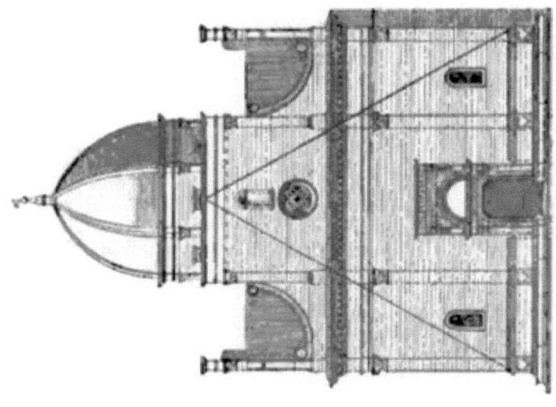

Fig. 106.
Kirche in Mongovino (Lespeyres).

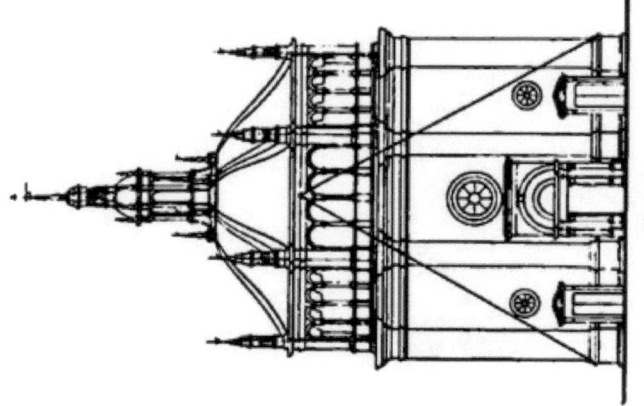

Fig. 107.
Kirche in Busto Arsizio (Puzzicini).

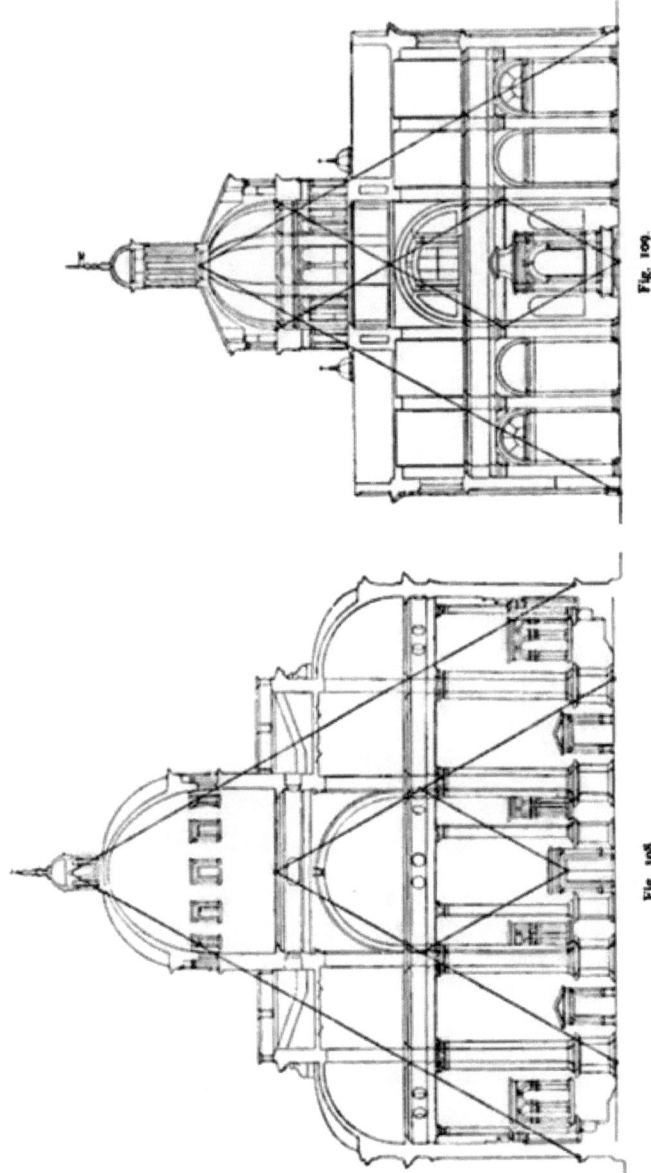

Fig. 108. Madonna della Steccata in Parma (Strack).

Fig. 109. Madonna di Campagna in Piacenza (Strack).

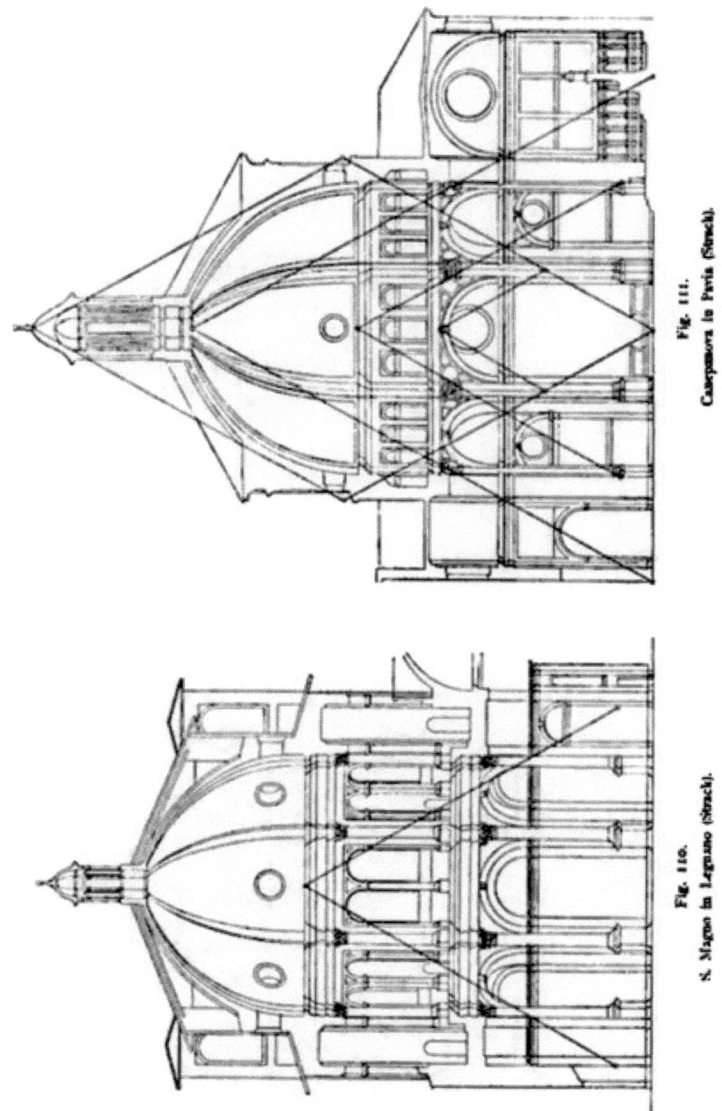

Fig. 110. S. Magno in Legnano (Strack).

Fig. 111. Carepanova in Pavia (Strack).

Fig. 112.
S. Maria della Consolazione in Todi (Laspeyres).

— LIV —

Fig. 113.
Madonna dell' Umiltà in Pistoja (Laspeyres).

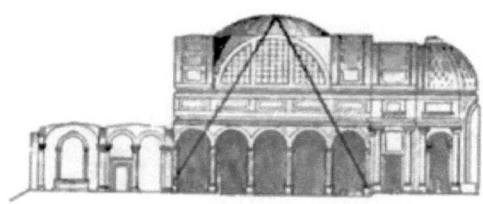

Fig. 114.
S. Lorenzo in Damaso in Rom (Nohl).

— LV —

Fig. 115.
S. Florido in Città di Castello (Laspeyres).

Fig. 116.
Sta. Giustina in Padua (Laaius).

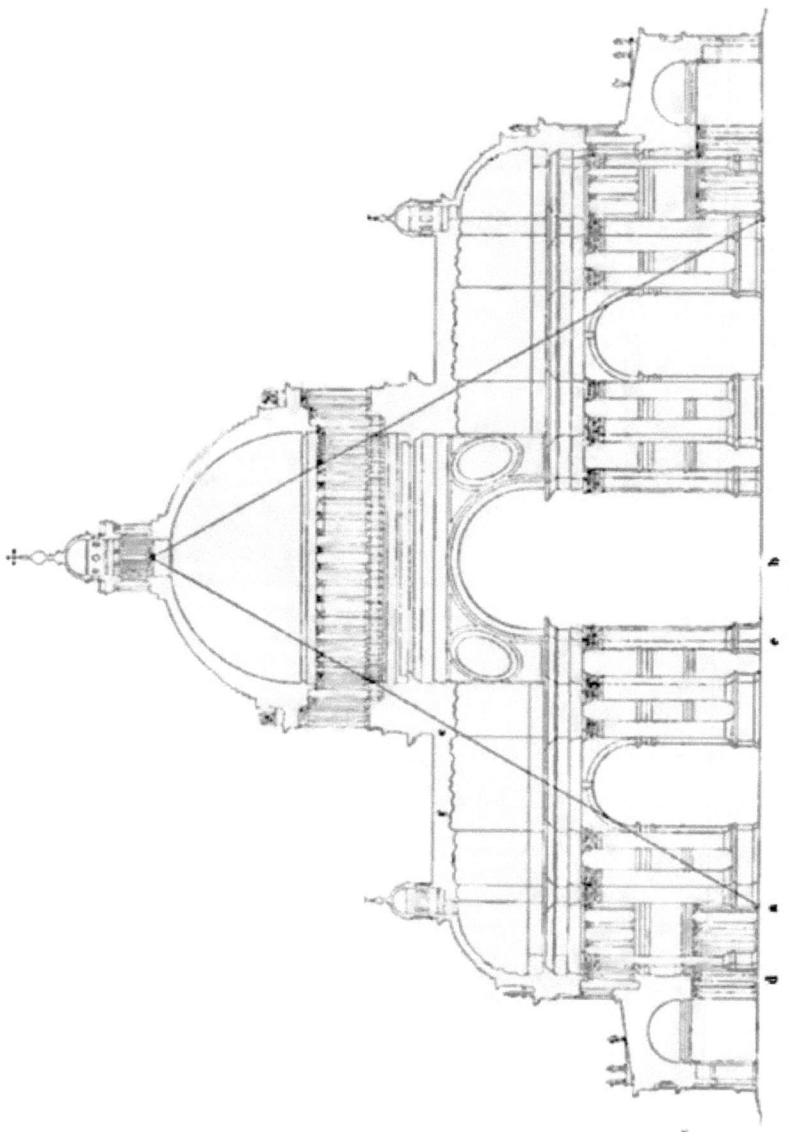

Fig. 117.
Peterskirche in Rom; Bramante's Entwurf (Restauration von Geymüller).

— LVII —

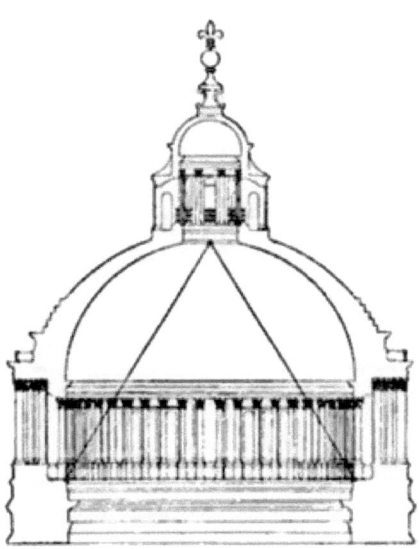

Fig. 118.
Peterskirche in Rom; Bramante's Entwurf zur Kuppel (Letarouilly nach Serlio).

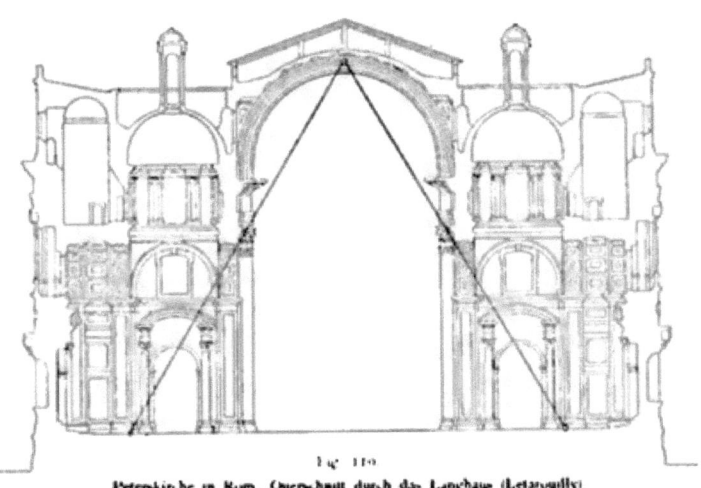

Fig. 119.
Peterskirche in Rom. Querschnitt durch das Langhaus (Letarouilly).

8*

— LVIII —

— LIX —

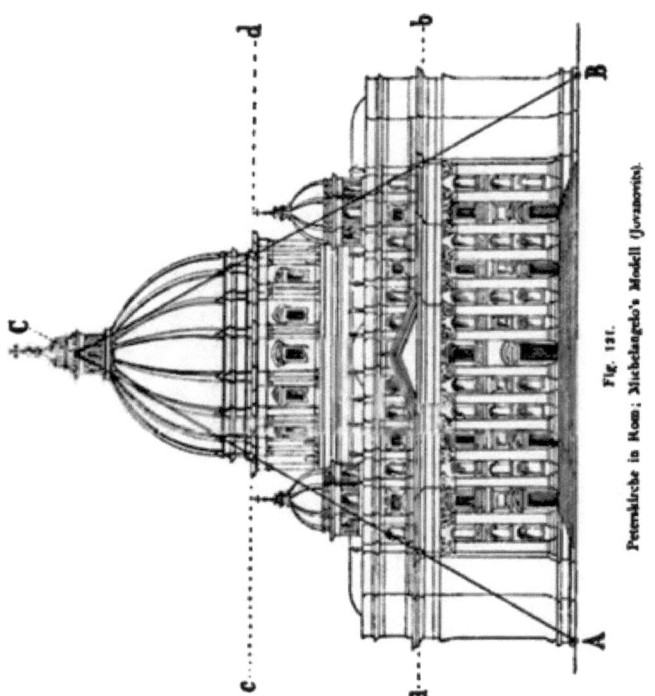

Fig. 131.
Peterskirche in Rom: Michelangelo's Modell (Geymüller).

— LX —

Fig. 122
Raphaels Sposalizio.